Anonymous

Anmerkungen über das erzböschöfl. Maynzische Rekurspromemoria

Anonymous

Anmerkungen über das erzböschöfl. Maynzische Rekurspromemoria

ISBN/EAN: 9783743621626

Hergestellt in Europa, USA, Kanada, Australien, Japan

Cover: Foto ©ninafisch / pixelio.de

Weitere Bücher finden Sie auf **www.hansebooks.com**

Anmärkungen
über
das erzböschöfl. Maynzische
Rekurspromemoria,
welches den 22. Jäner 1782. durch selbst eigene Diktatur
der allgemeinen Reichsversammlung
mitgetheilet worden;

in Sache
Abtes, Priors und Konventualen
der Abtey Schwarzach am Rheine,
Impetranten, eines.

und nun auch
Herrn August Fürst-Bischofes zu Speyer,
als abteylichschwarzachischen Lehenherrn,
Intervenienten, andern;

wider
Herrn Karl Friedrich Markgrafen zu Baden
und die fürstl. Badische Kommissarien,
Impetraten, dritten.

letztens
Herrn Friedrich Karl Kurfürsten zu Maynz,
Intervenienten, vierten Theils;

Mandati de restituendo Abbatem in administrationem
monasterii ejusque redituum &c. SC.

als
eine Zugabe
zu der im Jahr 1781. in dieser Sache, unter der Aufschrift:
Unstatthaftigkeit des von dem hochfürstl. Hause
Baden an die allgemeine Reichsversammlung
genommenen Rekurses,
zu Wetzlar herausgekommenen Druckschrift.

Wetzlar,
gedruckt bei Joh. Benedict Ungewitter. 1782.

Anmärkungen über das den 22. Jäner 1782. bey der allgemeinen Reichsversammlung zur Diktatur gebrachte erzbischöfl. maynzische Rekurspromemoria.

§. 1.

Was ein Schriftsteller für Gesinnungen bey der ehrbaren Welt errege, welcher sich mit dem Vorsatze in das Publikum waget, dem empörten Laster das Wort zu reden, und der mishandelten Unschuld alle ersinnliche Vergehungen anzudichten, um den gesetzwidrigsten und mit den unheilbarsten Nullitäten beschmutzten Verfügungen eine täuschende Schminke anzustreichen; welcher in der Absicht, die unterdrückte Unschuld mit einer ungeheueren Reihe von unerwiesenen und unerweislichen Zulagen öffentlich zu entehren, alle häßliche Züge seiner Schilderung lediglich aus dem längstens bekannten, unreinen und verläumderischen Munde ihrer geschworenen Feinde entlehnet; welcher endlich sich bemühet, die Geschichte reichskündiger Hergänge mit geflissenen Verdrehungen zu verunstalten, um die Ehre und das Ansehen sowohl eines hohen Strasburgischen Ordinariats, als eines höchsten Reichsgerichtes, dem Wohlstande und den Gesetzen zum Trotze, zu verunglimpfen; was sagt man, ein solcher Schriftsteller für Gesinnungen bey der ehrliebenden Welt erregen müsse, dieses will man von der immer gerecht richtenden Zeit erwarten, und sich begnügen die Blöße der wahrheitswidrigen Aufbürdungen des gegnerischen Verfassers aufzudecken.

Man wird sich hierbey, Kürze halben, nur an einige Hauptsätze des jenseitigen Promemoria, und zwar besonders an solche halten, welche das Verfahren des so sehr verunglimpften bischöfl. strasburgischen Ordinariats, und die Person des mishandelten Prälaten zu Schwartzach zum Gegenstande haben; denn sämmtliches jenseitige Vorbringen umständlich zu widerlegen, dazu würde ein ganzer Foliant gehören.

Mit einer ausführlichen und im Grunde sehr leichten Vertheidigung der von Seiten des Kaiserl. und Reichs Kammergerichts in dieser Sache erlassenen gerechtesten Verfügungen gedenkt man sich um so weniger hier abzugeben *), als höchstgedachtes Gericht, in einem an Se. Kurfürstliche Gnaden zu Maynz den 8. Hornung 1782 erlassenen Antwortschreiben, einen Theil der Ihm gemachten Vorwürfe bereits standhaft beantwortet hat.

 Um

*) Indessen sollen doch die höchstgedachtem Gerichte gemachten Vorwürfe nicht ganz unberührt bleiben. S. unten (§. 26 — 34.)

Um aber den unglücklichen Abt zu Schwarzach nicht abermal, wegen fremder Sünden, neuen Verfolgungen auszusetzen, ist es vielleicht nöthig zu erinnern, daß er an gegenwärtigen Anmärkungen gar keinen Theil habe.

So sehr man übrigens von der weltkündigen Gerechtigkeitsliebe, von dem patriotischen Eifer Sr. Kuhrfürstlichen Gnaden zu Maynz für die Handhabung der Gottgeheiligten Justiz im Reiche überzeuget ist: so wehmüthig muß man bedauern, daß höchstdieselbe in dieser Sache unverantwortlich sind hintergangen worden. Mit blutigen Thränen ist das Schicksal des Menschengeschlechtes zu beweinen, daß auch die besten Fürsten immer Menschen bleiben, und sich nicht selten in dem misbeliebigen Falle befinden, mit dem grossen Heinrich *IV.*, Könige von Frankreich, auszurufen: ah les cruels, qu'ils m'ont trompé!

§. 2.

Der Verfasser des kuhrmaynzischen Promemoria hat für rathsam gefunden, die in der im J. 1781. wider das fürstl. badische Rekurspromemoria von Seiten der Abtey Schwarzach im Druck erschienenen Unstatthaftigkeit rc. enthaltene Geschichte des schreyenden Verfahrens der metropolitischen Kommission und der begangenen ungeheueren Nullitäten mit tiefem Stillschweigen zu übergehen; weil ihm viel leichter war, Unwahrheiten niederzuschreiben, als drückende Wahrheiten zu beantworten.

In dieser ganz bequemen Absicht beschuldiget er den Abt Anselm zu Schwarzach der Anzettlung verderblicher und schon lang andaurender Unruhen. Er legt ihm Ränke, welche er gegen seinen Vorfahren, den Abt Bernard, soll gebraucht haben, zu Last. Er schreibt ihm einen Hang zur Kabale zu, welchen er das erstemal im J. *1756*, bey Gelegenheit des falschen Prätendenten, verrathen und diesem die niederträchtigsten Dienste geleistet haben soll, um dadurch seinen Abt zu stürzen. Nach entdecktem Betruge habe er mit anderen den Abt Bernard einer Nachlässigkeit in der Temporalverwaltung beschuldiget; worauf lezterem sey ein Koadjutor gesezt worden, bis er endlich resigniret habe (kuhrMaynzis. Promemoria §. 1 — 4.).

Schier so viel schnöde Unwahrheiten, als Sylben. Um sich von der Falschheit der hier aufgebürdeten Beschuldigungen zu überzeugen, darf man nur einen Blick auf jenseitige eigene Beylagen Num. 1 — 4. werfen, die zu Bestärkung des Vorgebens angeführet werden, und in welchen des P. Anselm Gaucklers gar nicht gedacht wird. Die unreine Quelle, woraus jenseits geschöpfet worden, ist zum Theile die unter dem Titel: Der Landesfürst rc. im J. 1775 wider die Abtey Schwarzach erschienene von Falschheiten und seichtem Blendwerke auf allen Blättern glänzende Badische Druckschrift *) zum Theile auch vermuthlich der Bedaische Unwahrheitsvorrath **).

Alle hier dem P. Anselm fälschlich aufgehalsete Beschuldigungen erwahren sich hingegen vollkommen in der Person des jenseitigen würdigen Günstlings, des berüchtigten P. Beda Dilg. Er ist es, der von Anbeginn Zerrüttungen in seinem Profeßhause angezettelt; er ist es, der Ränke gegen den verstorbenen Abt Bernard angesponnen; er ist es, der Kabalen sowohl gegen ihn, als gegen

---

*) Der Landesfürst rc. §. 143.

**) Als bey Erscheinung des kuhrmaynzischen Promemoria dem P. Beda von einem dessen ehemaligen Anhängern, der Vorwurf gemacht worden, daß er die offenbar falsche Beschuldigung, wegen der Prätendentischen Sache, den Herren Maynzern gegen den Prälaten an die Hand gegeben; Da doch landkündig sey, daß er selbst die Hauptrolle dabey gespielt, sagte dieser: Das werde ich schon wissen zu verantworten. Eine Formel, die ihm besonders gewöhnlich ist, wenn er sich getroffen sieht, und nichts zu sagen weiß.

gegen den jetzigen Prälaten geschmiedet, um beyden die Insel zu rauben; er ist es, der im J. 1756, als damaliger Prior, bey der Prätendentischen Sache den Reihen geführet; wie solches die Unstatthaftigkeit §. 20 mit Wahrheit angeführet, und der mit dem Buchstaben *A.* gezeichnete Aktenauszug, der im J. 1756 zu Schwarzach gehaltenen regulären Visitation überzeugend darthut.

Lit. A.

Zur ferneren Bestärkung, daß P. Beda, und der sich nachher zu ihm geschlagene P. Paul Reim, die Aufwiegler, Friedensstörer und Rottengeister ihres Profeßhauses von jeher gewesen, dienet das unverwerfliche Zeugniß der Visitatoren vom J. 1766 (Buchst. *B.*); woraus erhellet, daß, so lange diese schädlichen Meutmacher aus der Abtey Schwarzach entfernet waren, die klösterliche Zucht, Ruhe, Friede und brüderliche Eintracht immer dort geblühet haben. Die traurige Erfahrung lehret leider! auch zuviel, daß ihre im Christmonat 1773 erfolgte unselige Zurückkunft von Maynz auch den jetzigen Gräuel der Verwüstung nach Schwarzach gebracht habe.

Lit. B.

Ist dieses zur Ueberzeugung noch nicht genug, so höre man die schreyende Stimme des sämmtlichen Konventes in den an die höchst- und hohen Kongregationsvorsteher 1766 und 1767 erlassenen wehemüthigen Vorstellungen, um keinen Vergleichsvorschlägen, welche den zween Meutenirern den Zutritt nach Schwarzach wieder eröffnen könnten, Gehör zu geben. (*Lit. C. et D*).

Lit. C. et D.

Wäre der Abt Anselm noch als Religios jener verdorbene Mönch gewesen, wie er jenseits verläumderisch geschildert wird, so würde ihm das ganze aus 18 Religiosen bestandene Konvent und selbst der giftige Splitterrichter P. Paul Reim in der Visitation 1760 *) nicht das glorreiche Zeugniß einstimmig gegeben haben, daß er ein Mann ohne Tadel sey, oder welches eben so viel ist, daß seine Mitbrüder sammt und sonders gar nichts wider ihn anzubringen wußten. (*Lit. E.*) So geistlich, so unschuldig war der Wandel des Abtes Anselm, als Religios; da doch zur nämlichen Zeit, der in jenseitigen Augen so untadelhafte Rottengeist, P. Paul, eben damal einer auffallenden Nachläßigkeit in der ihm vertrauten Seelsorge, und schädlicher seinem guten Abte Bernard gegebener Rathschläge durchgehends beschuldiget worden, welches er auch durch seine eigene Handunterschrift selbst bestätiget hat. (*Lit. F.*)

Lit. E.

Lit. F.

§. 3.

Ferner heißt es: „aus einem noch vorhandenen Diarium wisse man, daß P. Anselm „ die Handlungen seines Abtes angeschwärzet und solche, als absetzungswürdig, darge„ stellet habe. Er selbst sey durch Unterstützung einiger Mitglieder des strasburgischen „ Vikariats Abt geworden. Gleich anfangs habe er seinen Anhängern die ungebunden„ ste Freyheit gestattet, und die ihm verdächtigen Religiosen, besonders den P Beda, „ seinen Mitkompetenten zur Abtswürde, durch Drohungen in Furcht gehalten rc. §. 5.

Abermal ein Wust ehrenrühriger und nimmermehr erweislicher Erdichtungen! Was hier von dem nur auf bittliches Ansuchen des P. Beda geführten Diarium gesagt wird, scheint abermal aus dem Landesfürsten §. 143. pag. 91. diesem verwerflichen Corpore juris Commissionis Metropoliticae, (Unstatthaftigkeit §. 33.) entlehnet zu seyn. Die Antwort darauf mag jenseitiger Schriftsteller in der gedruckten klösterl. Deduktion, gerettete Wahrheit, §. 598 nachschlagen. Da P Anselm von jenem Diarium niemal einigen Gebrauch gemacht hat, wie solches die Beylage Num. 24. zur Unstatthaftigkeit augenblicklich erwahret, so fallen alle daraus gezogene Folgerungen in die Reihe der unchristlichen Nachreden.

*) P. Beda Dilg war damal, als Solizitant, zu Wezlar.

Allein warum legt man dann dieses Diarium, dieses vom P. Beda so sorgfältig aufbewahrte und nicht nur unter die Feinde des Abtes, sondern auch, nach seiner Ruckkehre von Maynz, unter alle junge Religiosen zu Schwarzach in vielfältigen Kopien liebreich ausgestreute köstliche Kleinod dem Publikum nicht unter die Augen? Wenn man sich getrauet, thue man es noch. Es würde sich daraus veroffenbaren, daß der nur auf die Klosterzucht und den Nutzen seines Profeßhauses bedachte P. Anselm zwar einige Mängel seines Abtes Bernard (denn auch dieser fromme Prälat war so wenig ohne Mängel, daß er sich von seinen besten Freunden mehrmal öffentlich mußte sagen lassen: er habe die Anarchie so überhand nehmen lassen, daß ein jeder im Kloster zu befehlen habe, als er nicht) aber auch NB. mehrer seiner Mitreligiosen aufgezeichnet habe; besonders würde sich aus dessen §§. 41, 44 zeigen, daß nicht der P. Anselm, sondern der von jenseitigem Schriftsteller für so fromm, für so untadelhaft herausgestrichene P. Paul es gewesen, der in Gegenwart mehrer Religiosen, den guten Abt Bernard einen von Gott verlassenen Menschen, ein Vieh, den Urheber alles Uebels und Unglücks des Klosters mehrmal christmildest genennet, und dessen Absetzung heilig-seufzend angerathen habe. Aus dem vorhergehenden §. 2. erhellet auch schon zur Genüge, wie schnöd dem P. Anselm die Verschwärzung des Abtes Bernard zur Last geleget werde, und wer eigentlich der Meuterey gegen ihn überführet worden.

P. Anselm ist, unter 20 kapitularischen Stimmen, durch 16 zur erledigten Abtswürde gerufen worden. Dessen von allen seinen Mitbrüdern anerkannte Rechtschaffenheit, dessen regelmäßiges und untadelhaftes Leben (S. die Beyl. L.) allein haben ihm die Infel aufgesetzt. Er hatte diese also lediglich seinen Verdiensten, und keineswegs der Unterstützung einiger Mitglieder des bischöfl. strasburgischen Vikariats zu verdanken, wie jenseitiger Verfasser freventlich und ehrenrührig in den Tag schreibt, um durch diesen schnöden und unerwiesenen Satz eben diese verehrungswürdige Vikariatsglieder eines sträflichen Parthеygeistes zu beschuldigen.

Daß aber der Abt Anselm sich gleich anfangs über alle Mäßigung und Vorsicht hinausgesetzt; daß er seinen Anhängern die ungebundenste Freyheit gestattet, die anderen Religiosen hingegen und besonders den, nur von seiner eigenen Lüsternheit zum Mitkompetenten berufenen, P. Beda *) durch Drohungen, in Furcht gehalten habe; sind lauter elendiglich erdichtete Unwahrheiten, wie solches sich in der Folge zeigen wird.

§. 4.

„ In dieser Lage habe sich ein Vorfall eräuget der als die Hauptquelle der folgen-
„ den Unruhen anzusehen sey. P. Isidor, einer der jüngsten Konventualen und offenbar
„ begünstigter Anhänger des Abtes Anselm, sey von ihm zum Prior bestellet worden, er
„ habe sich den Verdacht eines verbothenen Umgangs zugezogen, den der Abt, mehrer
„ ihm geschehenen Anzeigen ungeachtet, behörig nicht untersucht habe. Endlich sey des-
„ sen lasterhafter Wandel im Kloster entdeckt worden. Und damit diese Entdeckung der
„ Unterdrückung entzogen würde, habe P. Beda, als Großkeller und Präses der klö-
„ sterl. Kanzley, in Beyseyn des P. Pauls und einiger Konventualen, ein Protokoll dar-
„ über geführet, und hiernächst als Konventsdeputirter, die Anzeige davon an die Kon-
„ gregation der Aebte gebracht. §. 6, 7.

Der unglückliche Isidorische Fall ist keineswegs die Quelle der in der Folge zu Schwarzach entstandenen Unruhen; es sey dann, daß man solches dahin verstehe: der P. Beda, um seine ungezähmte Lüsternheit nach der Infel, unter dem Scheine eines Disziplineifers, tückisch zu verbergen,

*) In der Abtswahl 1761 sind nur zwo einzige Stimmen auf den P. Beda gefallen, zum deutlichen Kennzeichen, wie vorzüglich viel seine Mitbrüder schon damal auf ihn hielten.

gen, habe sammt dem P. Paul sich dieses unglücklichen Vorfalls frohlockend bedienet, ihr eigen Profeßhaus zu verschreyen, und ihren Abt, mittelst unchristlicher Verläumdungen, zu stürzen. Der jenseitige Schriftsteller gibt durch diese wenige Worte deutlich zu verstehen, daß die Erzbischöfl. Herren Kommissarien dieser Absicht der Rädelsführer sehr bereitwillig beygepflichtet, um den guten Abt Anselm, wenigstens zum Scheine schuldig zu finden. Ob aber dieses mit Rechte und gutem Gewissen geschehen sey, wird sich gleich zeigen.

Es ist wahr Abt Anselm hatte den P. Isidor zum Prior ernennet; so wie er den P. Beda zum Großkeller gesetzt hatte Allein daß erster einer der jüngsten Konventualen war, und nur aus offenbarer Gunst des Abtes, zum Priorate gelanget, ist abermal eine doppelte, unerweisliche Unwahrheit; er war damals bereits 35 Jahre alt, 14 Jahre Profeß, und zählte über die Hälfte des Konvents nach sich. Warum wird dann dem redlichen Abte Bernard nicht auch zum Verbrechen angerechnet, daß er den Schwarzacher Erostrat, den berüchtigten P. Beda Dilg, als er kaum 30 Jahre alt, 12 Jahre Profeß, und nur 2 Priester nach sich zählete, zum Priore aufgestellet?

Alle schwarzacher Religiosen und das ganze Publikum können noch heute Zeugniß geben, daß der unglückliche P. Isidor, vor seiner Ernennung zum Prior, in aller Menschen Augen den unsträflichsten Wandel geführet, und daher schon von dem Abte Bernard zum conarchivarius, Secretarius Capituli, Confessarius conventus, Deputatus ad Consilium Seniorum, et Instructor fratrum war angestellet worden; dennoch fiel er von einem lasterhaften Weibsbilde verführet, und fiel, zu aller Erstaunen, in die schröcklichste Tiefe. Die Sache kam plötzlich an den Tag. Wie verhielten sich hiebey P. Beda und P. Paul? Wie der Abt Anselm?

Hat P. Beda, oder ein anderer Religios dem Abte von dem verbothenen isidorischen Umgange die gehörige Anzeige gemacht? Hievon ist wenigstens weder in den Akten der Kongregation, noch einiger regulären noch auch der kurz darauf erfolgten bischöfl Visitation (die man alle genau durchgegangen) die mindeste Spur anzutreffen. Wie darf dann jenseitiger Schriftsteller, ohne den mindesten Beweis, dahin schreiben: **Der Abt Anselm habe, mehrer ihm geschehenen Anzeigen ungeachtet, die Sache nicht behörig untersuchet** *)?

Allerdings hätte P. Beda die gehörige Anzeige seinem Prälaten thun können und sollen; denn in der Folge haben sich nicht undeutliche Spuren entdecket, daß der verbothene Wandel des P. Isidors ihm nicht ganz unbekannt geblieben. Allein P. Beda hätte sich durch eine solche pflichtmäßige Anzeige das bequeme Mittel, seinen Abt einer unverantwortlichen Sorglosigkeit in der Klosterzucht zu beschuldigen, und wo möglich zu stürzen, selbst vereiteln müssen. Da ohnehin kein falscher Prätendent mehr kommen wollte, der Aebte ab- und einsetzen könnte; so mußte er nun andere Wege einschlagen, seinem Abte die Insel zu rauben. Er entschloß sich daher, denselben als einen Begünstiger und Theilhaber der schändlichsten Laster auszuschreyen.

Diesen Schluß, den sich auch der angeblich untadelhafte P. Paul gefallen ließ, zu bewerkstelligen, fand sich bald eine gewünschte Gelegenheit. Das unglückselige Weibsbild ward den 19. April 1763, in Abwesenheit des Priors Isidor, in dem Zimmer seines mitschuldigen Layenbruders, entdecket. Ein jeder andere rechtschaffener Religios, würde wenigstens jetzt diesen Gräuel

*) Hätte der gegnerische Schriftsteller seinen Bezüchtigungen das nöthige Gewicht geben wollen; so hätte er zwey Stücke erweisen sollen: 1) daß dem Abte Anselm wirklich eine gehörige Anzeige jemal geschehen sey; denn allenfalls ist ja aus den Kirchensatzungen (C. 31, X, De Simonia. C. 2, 13, 19, 20, 21, §. 2, C. 14, X. De accusat.) sowohl, als aus den Kongregationsstatuten, Cap. 25. bekannt, daß nicht auf eine jede Anzeige stracks mit einer förmlichen Inquisition verfahren werden dörfe. 2) Daß dieser Anzeige ungeachtet, der Abt die Obliegenheit eines christlichen Vorstehers behörig nicht beobachtet habe.

seinem Prälaten unverzüglich angezeiget haben; allein P. Beda und P. Paul, denen die Entdeckung auf der Stelle bekannt wurde, waren vielmehr darauf bedacht, ihrem in der Abtey befindlichen Oberen alles verborgen zu halten. Sie eilten in der nämlichen Nacht gegen 12 Uhr in die klösterliche Sakristey, wo P. Beda sich anmaßte, über diese Person ein förmliches aus 77 bedrohlichen Fragen bestehendes Inquisitionsprotokoll abzuhalten; woraus der lasterhafte Wandel des P. Isidors und des Layenbruders Johannes sich an den Tag legte. Es veroffenbarte sich aber mit keiner Silbe, daß Abt Anselm jemal nur die geringste Spur von diesem verdammten Umgange gehabt habe (*Lit. G*).

Lit. G.

Diesem abentheuerlichen bedaischen Betragen eine Schminke zu geben, fällt jenseitigem Schriftsteller ein, ihn aus freyer Faust mit der Eigenschaft eines Präses der klösterl. Kanzley zu beehren, um wo möglich glauben zu machen, P. Beda sey in dieser Eigenschaft befugt gewesen, ein Untersuchungsprotokoll zu führen. Allein weiß dann dieser Schriftsteller nicht, daß, so bald der Abt im Kloster ist, ein jeweiliger P. Großkeller, wofern er nicht einen besondern Auftrag hat, keineswegs Vorsteher der Kanzley, sondern daß solches nur der Abt sey? Wußte er dann nicht, daß in keinem Falle die Sakristey, sondern nur die Kanzleystube, jener Ort sey, wo die Inquisitionsprotokolle, und zwar ordentlicher Weise nur von dem durch den Abt dazu verpflichteten klösterl. Beamten, in Gegenwart der gewöhnlichen Urkundspersonen, geführet werden müssen?

Doch da man an gewissen Orten Entschlossenheit genug hat, sich über die gräulichsten Nullitäten muthig hinaus zu setzen; so sollen auch hier dergleichen Kleinigkeiten nicht weiter in Betracht kommen. Das unförmliche Protokoll ist einmal zu Stand gebracht. Der Redliche erwartet nun, daß die P. P. Paul und Beda damit zu ihrem ruhig schlafenden Abte eilen, ihn wecken, und den Gräuel entdecken, oder vielleicht gar, nach Vorschrift der Statuten, von ihm ein consilium Seniorum, schleunigen Rath und kräftige Vorkehrungen begehren werden. Wenigstens hätte man alsdann sehen können, wie sich der Abt dabey verhalten würde.

Allein dieses pflichtmäßige Betragen taugte nicht zu ihrem Zwecke. Sie waren nur bedacht, ihrem frommen Abte eine Grube zu graben, um ihn stürzen zu können. In der Ueberzeugung, daß die Unschuld und der Disziplinseifer des Abtes, bey der ersten Anzeige, in vollem Glanze hervorbrechen würde, liessen sie ihn ruhig fortschlafen und giengen so hastig und unförmlich zu Werke. Noch nicht genug, um ihren Abt und ihr eigen Kloster aus allen Kräften zu verschreyen, machten sie mehrere Abschriften von dem saubern Protokolle und streueten sie aus. Nicht die Unschuld, nicht der Leumuth ihres Abtes, nicht die Ehre ihres eigenen Profeßhauses konnten sie von einem Schritte abhalten, der einen jeden Layen unfehlbar, als einen offentlichen Ehrendieb auszeichnen würde. Ja, als es wirklich an dem war, daß der von dem Abte Anselm nach Schwarzach berufene ordentliche Kongregationsvisitator den isidorischen Fall untersuchen sollte, bemüheten sich die P. P. Paul und Beda auf die sträflichste Weise, diese Untersuchung zu hintertreiben; in dieser Absicht scheueten sie sich nicht einmal, von einem Konventualen zum andern herum zu laufen, und ihnen anzuliegen, von dem isidorischen Falle ja nichts dem Visitator anzugeben (*Lit. H.*).

Lit. H.

Wie darf man dann jenseits so wahrheitsvergessen dem Publikum vorspiegeln: P. Beda habe sein unförmliches Protokoll nur deswegen geschmiedet, damit die Entdeckung der Unterdrückung entzogen würde? So verhielten sich die P. P. Beda und Paul in dem isidorischen Falle, und zwar nach dem jenseitigen Promemoria treflich wohl und recht. Ob aber das unbefangene Publikum eben so urtheilen werde, wird die Zeit lehren.

Wie verhielt sich nun der Abt Anselm? So bald er den andern Morgen (es war der 20te April 1763) von der Sache Nachricht erhielt) welche er erst von P. Beda, mittelst ernsthafter Auflegung kgung des förmlichen Gehorsames, herauspressen mußte) berief er auf der Stelle die ältesten des Konventes zusammen, schickte den P. Roman nach Lichtenthal, den P. Isidor nach Haus zu bringen, und ließ den Layenbruder, der sich indessen verkrochen hatte, überall aufsuchen. So bald die Verbrecher zur Hand gebracht waren, versicherte er sich ihrer Personen, durch die Einkärkerung, und ersuchte den ersten Visitator der Kongregation, den Abt von Ettenheimmünster, durch einen eilenden Bothen, sich unverzüglich selbst in die Abtey Schwarzach zu begeben, um ihm mit Rathe und Hilfe an Handen zu gehen, und, was Klugheit und Gerechtigkeit erfodern würden, zu verfügen.

Der Visitator kömmt mit dem Sekretäre der Kongregation nach Schwarzach und stellet eine Spezialinquisition an, welche die P. P. Beda und Paul auf alle Weise zu vereiteln und zu erschweren suchen (Beyl. H.). Da aber die zween Sünder ihr Vergehen selbst gestunden, ward der Visitator dannoch in den Stand gesetzt, die gehörige Strafe über sie zu verhängen, welche der Abt Lit. I. Anselm den Verbrechern in versammeltem Kapitel selbst ankündigte (*Lit. I*). Nach der Hand wurden dieselbe auf ewig, in entfernte Klöster verbracht, wo besonders der P. Isidor durch seinen reumüthigen und tugendhaften Wandel sich aller Menschen Hochachtung erworben hat (Beyl. Lit. P). Daß er also, aus dieser Rücksicht allein, mit dem eben so ärgerlichen und unchristlichen, als unnützen gegnerischen Ausposaunen seiner ehemaligen schweren Vergehung, billig hätte verschonet bleiben sollen.

Nun urtheile der unbefangene christliche Leser, ob das Betragen des Abtes Anselm nur einen Schein der Saumseligkeit habe, ob ein gerechter und für die Ehre seiner unglücklichen Kinder zärtlich besorgte Vater klüger und besser handeln konnte.

Dieser traurige Vorfall wurde auch im nämlichen Jahre bey dem Generalkapitel der zu Ebersmünster versammelten Aebte der strasburger Kongregation angebracht. Wahr ist es, daß, gleichwie P. Beda die Religiosen zu bereden gewußt, dem Visitator den isidorischen Fall, so viel möglich, zu verheimlichen, er auch, durch Beyhilfe seiner Kabale, Mittel gefunden, ungeachtet vieler Widersprüche, von dem grösseren Theile des schwarzacher Konventes, als Deputirter, ernannt zu werden. In dieser Eigenschaft brachte er am 26. Sept. 1763, mit der Mine eines Gleisners und mit einem Herzen voll Gift gegen seinen Abt, dem Generalkapitel seine Klage also vor: „sehr „viele bedauern, daß wir unter einem Abte leben, von welchen Sünde und Laster geheget werden, wie aus dem traurigen Vorfall mit P. Isidor und dem Bruder Johannes erhellet, deren gottlosen Wandel er hat wissen können und müssen, und Lit. K. „dannoch hat er den ersten zum Prior und Novizenmeister bestellet" (*Lit. K*).

Das Generalkapitel, von der ganzen Sache durch die im nämlichen Jahre zu Schwarzach gehaltene Visitation (in welcher der Abt Anselm von keinem einzigen Religiosen des isidorischen Falles wegen beschweret worden) und durch den ersten Visitator selbst vollkommen unterrichtet, machte Lit. L. auf die bedaische Anklage, das in der Beyl. (*Lit. L.*) enthaltene Dekret, wodurch die Unschuld des Abtes Anselm vollkommen gerettet, die bedaische Bezüchtigung für eine schwere Verläumdung erkläret, und die Wiederholung dieser ehrenräuberischen vermeinten Klage ernstgemessen verbothen ward.

Im Jäner des J. 1770. ward eine bischöfl. Lokalvisitation mit Zuziehung des regulären Visitators in Schwarzach gehalten. Es wurden daselbst 17 Priester, 6 Fratres und 2 Layenbrüder, somit in allem 25 Personen eidlich abgehöret; unter welchen (und dieses ist sonderbar merkwürdig) alle Sechs nachmalige Anhänger des P. Beda waren; wovon jedoch zween P. Ildephons Mußler und P. Ambros Reichert aus eigenem, freyen Gewissenstriebe im J. 1781 von der bedaischen

Faktion ab- und zu ihrem Abte übergegangen sind. Die in dieser Visitation vorgekommenen und hieher gehörigen den Abt betreffenden Fragen waren folgende:

1te Frage: „Ob der Abt einen wahren Eifer habe für das Haus Gottes und für dessen Wachs-„thum im Geistlichen und Zeitlichen?"

3te Frage: „Ob er die Fehlende strafe?"

13te Frage: „Ob er allen ein gemeinsamer Vater sey, und nicht einige besondere Lieblinge „habe?"

Alle 25 Religiosen, ohne Ausnahme, gaben ihm, auf ihren Eid, die besten Zeugnisse; kein einziger beschuldigte ihn einer Sorglosigkeit, kein einziger berührte den isidorischen Fall auch nur von weitem; kein einziger legte auf den Abt deswegen die geringste Schuld; alle waren mit seiner Regierung im Geistlichen und im Zeitlichen zufrieden (*Lit. M*). *Lit. M.*

Insonderheit gab damal der resignirte Abt Bernard seinem Nachfolger, dem Abte Anselm, das rühmlichste Zeugniß, daß dieser das Beste des Klosters im Geistlichen und Weltlichen treu und fleißig besorge (*Lit. N*). *Lit. N.*

Ueber diese Zeugnisse ist sich aber gar nicht zu wundern; damals irreten noch die P. P. Paul und Beda, auf Kosten ihres Klosters ausserhalb desselben herum; daher fand sich von Seiten der Religiosen niemand der ein besonderes Interesse darinn gesucht hätte, den Abt Anselm, wegen des isidorischen Falles, oder anderer unerfindlicher Exzesse boshaft zu verläumden; und ab seiten der Untersuchenden war ohnehin an eine gefällige Bereitwilligkeit, bodenlose Bezüchtigungen für erwiesene Wahrheiten hochgeneigt zu verehren, gar nicht zu denken.

Noch genauer wurde dieser Sache nachgespüret in der bischöfl. Visitation, welche der würdigste nun in Gott ruhende Hr. Kardinal und Fürst Bischof von Strasburg, Ludwig Konstantin von Rohan, in Begleitung der ersten Mitglieder seines bischöfl. Vikariats, in höchsteigener Person im Herbstmonate 1773 zu Schwarzach gehalten. Auch diesesmal wurden 19 Priester, und unter diesen alle nachmalige Anhänger des P. Beda, sammt 3 Fratern eidlich abgehöret.

Alle, alle, und sonderlich die kurz darauf von den P. P. Paul und Beda zum Aufstande wider ihren Abt verleiteten Konventualen, nämlich die P. P. Ildephons, Peter, Augustin, Ambros, Anselm, Maurus und Georg (welche von Baden so oft mit dem Namen des Schwarzacher Konventes beehret worden) gaben dem Abte Anselm das beschworene feyerlichste Zeugniß, daß er im Geistlichen und Weltlichen das Amt eines rechtschaffenen Vorstehers und guten Haushälters rühmlichst erfülle. Daß er keine Laster häge ꝛc. (*Lit. O*). *Lit. O.*

Weil aber eines Theils die flüchtigen P. P. Beda und Paul indessen nicht aufhöreten, ihren Abt Anselm wegen des isidorischen Falles heimlich und öffentlich ehrenrührig zu verläumden; anderen Theils ihre Anschwärzungen an verschiedenen Orten, besonders zu Maynz und Karlsruhe, mit günstigem Beyfalle aufgefangen wurden, so entschlossen sich des höchstseel. Herrn Kardinals hochfürstl. Eminenz der Sache noch einmal auf den Grund zu sehen, und behielten den isidorischen Fall einer ganz besondern abermaligen Untersuchung vor.

Es geschah auch diese in der nämlichen Visitation. Nach angewandter aller möglichen Sorgfalt, nach beobachteter aller strengen Genauigkeit, nach aller Bemühung, den angeblichen Mitschuldigen zu entdecken, fiel endlich der bischöfl. Ausspruch dahin aus: „Daß der Abt Anselm „von dem unglücklichen Falle des P. Isidors nicht nur keine Wissenschaft gehabt, son„dern auch von aller Schuld und Sorglosigkeit deshalben frey und ledig sey" (*Lit. P.*). *Lit. P.*

Wenn

Wenn nun so vielfältige gerichtlich und vor so viel beeidigten Personen verfertigte Akten in der Welt noch einen Glauben verdienen, wenn man so mannichfaltigen Beweisen nicht geflissentlich den albernsten Pyrrhonismus entgegen setzen will: so ist ganz überzeugend dargethan, daß die dem Abte Anselm gemachte Zulage, wegen des isidorischen Falles, in die Reihe der gottlosen Verläumdungen gehöre.

§. 5.

Sollten aber die von den P. P. Paul und Beda zur Meuterey verleiteten und aufgewiegelten Religiosen im J. 1778 und 1779 vor der erzbischöfl. Maynzischen Kommißion, in Ansehung ihres Abtes, anders deponiret haben, als sie es nach den bisherigen Anlagen in den Visitationen von 1756, 1760, 1763, 1766, 1770 und 1773 gethan hatten: so könnte diese Aenderung offenbar nur den verdammlichen Suggestionen der zween Rädelsführer, nur dem verschworenen Rottengeiste beygemessen werden. Allenfalls würde es in dieser Unterstellung noch auf die Entscheidung der Frage ankommen, ob die sich selbst widersprechenden Deponenten in den vorhergehenden vielen regulären und bischöfl. Visitationen, oder aber in der erzbischöflichen Visitation wider die Wahrheit, wider ihre Pflichten, wider Treue und Glauben, und wider ihren eigenen Eid gehandelt haben. Ein offenbarer hier oder dort begangener Meineid würde immer das sichere Resultat bleiben. Und was sollte dann endlich das Zeugniß einer meineidigen Rotte für einen Einfluß in gerichtliche Entscheidungen haben? Wie wollen die vorgebrachten Beschuldigungen damit in Rechten erwahret werden? Bevorab die unwandelbare so oft wiederholte Aussage einer viel grösseren Anzahl ihren Pflichten getreu gebliebener untadelhafter Priester derselben in das Angesicht widerspreche.

§. 6.

„An Statt, daß die Anzeige durch die Kongregation und das Ordinariat hätte un„tersuchet, und die sträfliche Nachsicht des Abtes aufgekläret werden sollen: sey man „vielmehr bedacht gewesen die P. P. Beda und Paul, als vorgebliche *Osores pacis*, in „der That aber, als gehäßige Denunzianten des entdeckten Greuels, in andere Klöster „ausserhalb Deutschlandes zu verbringen“ (Ebendas. §. 8).

Wer Deutsch versteht, muß aus den Worten an Statt schliessen, daß weder die Kongregation, noch das bischöfl. strasburgische Ordinariat sein Amt gethan, und den unglücklichen Fall des P. Isidors ernsthaft untersucht und aufgekläret habe. Diese gegen eine aus sieben verehrungswürdigen Aebten bestehende Kongregation, gegen das hohe bischöflich-strasburgische Ordinariat ausgegossene Verunglimpfung ist um so unverantwortlicher, als eines Theils das Gegentheil bereits vollkommen erwiesen ist (Hievor §. 4): andern Theils aber das bischöfl. Ordinariat selbst die Originalprotokolle der gehaltenen Visitation dem maynzischen Metropolitangerichte zur Einsicht und eigenen Ueberzeugung freymüthig eingeschickt hatte.

Da solche gehäßige Zulagen einer weiteren Antwort unwürdig sind; so muß der Verfasser des jenseitigen Promemoria es der strasburger Benediktinerkongregation und dem bischöflichen Ordinariate nicht verübeln, wenn sie ihn versichern, daß sie den ganzen Umfang ihrer Pflichten vollkommen kennen, auch Religion und Gewissen genug haben, solche nach aller Strenge, zu erfüllen. Erstes wollen sie von ihm nicht lernen, und bitten den Himmel, sie niemal so tief fallen zu lassen, daß sie, in Ansehung des letzten, dem von der Metropolitankommißion in der schwarzacher Sache gegebenen Beyspiele jemals folgen mögen.

Eben so auffallend ist die andere Verläumdung: Daß man nur bedacht gewesen, die P. P. Paul und Beda, als vorgebliche *osores pacis*, in der That aber als gehäßige Denunzianten, auf die Seite zu schaffen.

Daß diese zween berüchtigten Rottengeister keine vorgebliche sondern wahre Friedensstörer und boshafte Aufwiegler in der Abtey Schwarzach von jeher gewesen seyen, ist hievor (§. 2.) aus den Urkunden A — D überflüßig dargethan worden. Betheuert dann nicht das ganze Konvent in den Urkunden C und D, daß die P. P. Paul und Beda ausgezeichnete, unselige Unruhenstifter sind? Bekennen nicht schier alle Religiosen, und selbst die nachher von den Aufwieglern verführten P. P. Augustin und Ambros kraft eigener Handunterschrift, daß die P. P. Beda und Paul widerspenstige und rebellische Männer, faule und dem ganzen Körper des Klosters höchstschädliche Glieder, Auswürflinge, öffentliche Feinde, Geissel und Verfolger ihres Klosters sind?

Wird nicht diese Wahrheit aus den Akten aller Visitationen, aus dem Dekrete des versammelten Generalkapitels von 1763, und noch besonders aus dem einhelligen Zeugnisse,
Lit. Q. so die Aebte der Kongregation im J. 1766 ausgestellet (*Lit. Q.*), vollkommen bestärket?

Ist dieses dem Verfasser des jenseitigen Promemoria zur Ueberzeugung noch nicht hinlänglich; so erforsche er die Gesinnungen anderer glaubwürdigen Leute, er erforsche sie von der sämmtlichen Nachbarschaft in der schwarzacher Gegend; frage er das unbefangene Publikum, in dessen Augen die zween Auswürflinge, wie verworfene Juden, mit Abscheu gebrandmarket sind. Oder sage er uns, woher es doch komme, daß immer Gährungen, und Zwietracht die Abtey Schwarzach nur so lang beunruhiget haben, als diese zween Religiosen darinnen gegenwärtig waren? Woher es komme, daß Friede, Ruhe und brüderliche Eintracht in derselben geblühet, so lang diese unselige Geister davon entfernet waren, d. i. von 1763, als dem Jahre ihrer Auswanderung und Flucht, bis zu Ende des J. 1773, als der unglücklichen Epoche, da sie von Maynz nach Hause kamen? Woher es komme, daß, seit dieser Zeit, Zwietracht, Meuterey und Rebellion in volle Flammen ausgebrochen? Ein jeder vernünftige Mensch, wird, auch beym Abgange aller anderen Beweise, den untrüglichen Schluß machen: quo praesente aliquid fit, quod eo absente non fit, ille jure censetur facti causa.

§. 7.

„ Dieses Vorhaben habe im J. 1763. durch ein Kongregationsdekret, worunter alle „ Aebte der Kongregation fälschlich unterschrieben gewesen seyen, durch schändliche Uriase„ briefe vollzogen werden sollen. P. Paul ein *NB.* untadelhafter Religios sey in die „ Schlinge gerathen. P. Beda aber habe sich nach Maynz gewendet und eine erlaubte „ Berufung eingelegt“ §. 9.

Der Beschuldigung eines vorgeblichen Falsi in dem Kongregationsdekrete soll in folgendem §. 8. abgeholfen werden. Die schändlichen Uriasbriefe, welche dem unschuldigen Abte Anselm, ohne dessen Verschulden, beygemessen werden wollen, sind eine schändliche Erdichtung. Hier ist der ganze Hergang: Aus dem fortgesetzten Betragen der zween verschworenen Friedenstöhrer waren sämmtliche Aebte der Kongregation, zu endlicher Herstellung der inneren Ruhe zu Schwarzach, von der Nothwendigkeit überzeugt, die P. P. Paul und Beda, nach Masgabe der Statuten (I. Th. 58. Kap.), in andere Klöster der nämlichen Kongregation, auf einige Zeit, zu verschicken; weil man aber schon damal ihren unwiderstehlichen Hang zur Empörung (wovon sie auch noch heut fortfahren die ärgerlichsten Proben zu liefern) kannte, auch P. Beda insonderheit schon verschiedentlich drohende Aeusserungen von sich hatte hören lassen: so mußte man sich entschliessen, entweder durch offenbare Gewalt, mittelst gewaffneter Hand, oder unter einem unschuldigen Vorwand, ihre Verbringung in andere Klöster zu bewerkstelligen. Um allen besorglichen Lärmen und allem Aergernisse vorzubeugen, entschloß sich der Visitator (denn diesem und nicht dem Abte Anselm

selm lag die Vollstreckung des Kongregationsdekrets ob) zu dem letzten Mittel. In dieser Absicht schickte er vorläufig die Dekrete in die Abteyen Ebersmünster und Mauersmünster, wohin die zween würdigen Rädelsführer sich begeben sollten, und wies den Abt Anselm an, dieselbe in der Stille in die ihnen bestimmten Klöster zu versenden; wo ihnen das Kongregationsdekret erst sollte bekannt gemacht werden. Dieser Weisung war der Abt Anselm nachzuleben schuldig. Er gab daher jedem der beyden Religiosen nebst einem und dem anderen zu verrichtenden kleinen Auftrage eine verschlossene Druckschrift in Sache Baden wider Schwarzach mit, um solche dem Abte des Klosters, wo sich ein jeder hinzubegeben hatte, zu überbringen; ohne sonst einen Brief beyzulegen.

Wo bleiben dann die Uriasbriefe? Wer will dem guten Abte Anselm verübeln, daß er die ihm vom Visitator gegebene Weisung schuldigermassen befolget? Wer redlich und vernünftig denkt, wird dem Abte Anselm nichts zu Last legen, und selbst an der klugen Vorsicht des Visitators, welche die Widerspenstigkeit der zween Religiosen zur Nothwendigkeit erhoben, und auch in der Folge vollkommen gerechtfertiget, nichts zu tadeln finden. Nur jene, welche an dem Ausbruche eines öffentlichen Aergernisses ihr Vergnügen finden, welche aus der Unterhaltung und Unterstützung einer leydigen Empörung sich ein Geschäft machen, welche die unseligen Urheber ärgerlicher Spaltungen, welche ausgezeichnete der allerhöchsten geistl. und weltlichen Obrigkeit frech trotzende Rottengeister, als unschuldige, untadelhafte, würdigste Männer herausstreichen, können solche Maasregel für insidios und schändlich ausschreyen.

§. 8.

„ Das Metropolitangericht habe im J. 1766. die P. P. Beda und Paul in ihre Aemter restituiret, auch eine *visitationem metropoliticam* vorbehalten; der Abt habe wider den bloß in *causa spolii* erfolgten erzbischöfl. Entscheid nach Rom appelliret, wo die Sache an die Kongregation *super negotiis Episcoporum et regularium*, eine inkompetente und in Deutschland nicht anerkannte Gerichtsstelle, sey verwiesen worden. Dort sey gegen die nicht erschienenen beyden Religiosen ein einseitiger Kontumazialbescheid eröffnet worden, der bewähre, daß der Abt das falsche Kongregationsdekret auch zu Rom vorgelegt und durch andere Falsa unterstützt habe. Das Kongregationsdekret sey mit der Unterschrift von 5 Aebten und jener des P. Priors von Altorf erschienen. Hergegen hätten die Aebte von Schuttern und Gengenbach zu Maynz gerichtlich angezeigt, daß sie an jenem Dekrete keinen Theil, solches auch niemal unterschrieben hätten. Den Aebten zu Ettenheimmünster und Schuttern, sey, nachdem der Abt zu Schwarzach vordersamst alle Prozeßkösten über sich genommen, eine Erklärung abgedrungen worden, welche dannoch bestättige, daß sie von dem Dekrete nichts gewußt. Dieser Erklärung seyen zur Unterdrückung der Unschuld neue Falsa und Verläumdungen einverleibet worden; weil es darinn heiße a) *inspectis de novo actis visitationum*; da doch keine auf die Vergehungen der P. P. Paul und Beda sich beziehende Akten vorhanden gewesen seyen; selbst die vom Kongregations-Sekretär P. Benedikt Dehm 1763 aufgenommenen Depositionen seyen ein nachgeschobenes Falsum. b) Weil gesagt werde, *quod dicti Patres exulationis pacis auctores praecipui fuerint*; da doch die P. P. Paul und Beda *NB.* unstreitig unter die würdigsten Religiosen des Klosters gehöret. Erster sey kurz vorher zum Prior und letzter zum Großkeller ernennet worden. P. Beda sey bey der Kongregation als *Deputatus conventus* erschienen. Alle übrige Beschuldigungen fielen durch das gewissenhafte Zeugniß des Abtes Bernard hinweg. c) Weil es abermal heisse: *ambos P. P. Abbatem Bernardum angariasse ad dandam dimissionem sub conditione, ut in abbatem eligeretur vir, qui litis Wetzlariae pendentis perfectam notitiam haberet.* Die Resignationsurkunde zeige aber,

„ daß diese vorgebliche *conditio* ein ungegründetes *assertum* sey. *d)* Endlich stehe darinnen,
„ *quod P. P. Paulus et Beda omnem conatum adhibuerint, ut vel electionem tanquam nullam declarari curent, vel depositionem novi abbatis attentarent, quod patet ex occultis insidiis, quas dicto D. Abbati apud curiam Spirensem struxerunt.* Da doch der höchstseel. Kardinal Bischof zu Speyer eigenhändig erkläre, *P. P. Paulum Keim et Bedam Dilg neque directe, neque indirecte, sive apud ipsum, sive apud curiam ejus feudalem, contra praefatum neo-electum, Abbatem suum quidpiam molitos fuisse.* §. 10. et nota *) atque **).

Zufolge der Regel des H. Benedikts der Kongregationsstatuten und des unvordenklichen Herkommens ist ein jeweiliger Abt befugt, die Klosterämter, nach eigenem Gutdünken, zu vergeben, und dieselbe einem Mönche, nach freyer Willkühr, auch ohne die mindeste Ursache, jeden Augenblick, wieder abzunehmen. Das feyerliche Gelübd des Gehorsames erlaubet diesem nicht einmal das Murren, vielweniger eine gerichtliche Rechtfertigung dagegen. Niemal erlangt der Mönch ein Recht zu dergleichen Aemtern, die er und jedermann wohl weiß, daß er sie auf den ersten Wink seines Obern anzunehmen und niederzulegen schuldig ist. Es ist dieses eine von den Grundfesten der inneren Klosterzucht; wie solches das angeschlossene Zeugniß aller Vorgesetzten und Offizianten der ganzen strasburger benediktiner Kongregation ausser Zweifel setzet (*Lit. R.*).

Lit. R.

Eben so sind die Visitatoren befugt, zu Handhabung der Klosterzucht, zu Erhaltung, oder Herstellung des Frieden und der Eintracht, einzele Religiosen in andere Klöster der nämlichen Kongregation, auf eine Zeit lang, zu verschicken (*Lit. S.*).

Lit. S.

Mit welchem vernünftigen Scheine Rechtes konnte dann das hohe Metropolitangericht gegen diese Grundverfassung der Klosterzucht, gegen alle Gesetze *a)* die unförmliche Berufung der P. P. Paul und Beda nicht nur annehmen, sondern gar, mittelst eines einseitigen Kontumazialbescheides, dieselbe in solche Aemter restituiren, zu welchen sie gar kein Recht hatten, und welche sie, vermög des angelobten Gehorsames, auf den ersten Wink ihres Prälaten, alle Augenblicke niederzulegen pflichtig waren? Noch abentheuerlicher fällt der anmaßlich brevi manu per Saltum gewagte Vorbehalt einer Metropolitanvisitation in die Augen. Ist dann in den Kirchensatzungen nicht deutlich genug bestimmet, wann der Metropolitan in dem Sprengel seiner Suffraganen zu visitiren berechtiget ist *b)*? Haben dann Se. kurfürstl. Gnaden in einem an den Herrn Kardinal Fürst-Bischof zu Strasburg den 31. Jäner 1772 erlassenen eigenhändigen Schreiben nicht selbst das höchste Bekenntniß abgelegt, daß „eine Metropolitanvisitation des Klosters Schwarzach *NB.* niemals, als in Fällen einer offenbaren Vernachläßigung des Ordinarii eintretten könne?" Nun sind ja in den J. J. 1760 1763 und 1765 bischöfliche und reguläre Visitationen zu Schwarzach gehalten worden. Womit soll dann der anmaßliche Vorbehalt gerechtfertiget werden können? Da ohnehin die von den P. P. Paul und Beda, diesen geschworenen Feinden des Abtes, vorgebrachten Beschuldigungen und angeblichen Zerrüttungen des Klosters, nach den Gesetzen *c)*, um so weniger Glauben verdienten, als solche nach dem Zeugnisse aller Visitationen eitele, boshafte Verläumdungen waren.

Allenfalls hatte dem Metropolitangerichte nicht gebühret, unter dem Vorwande dieser boshaften Beschuldigungen, sich über den Appellationsgegenstand hinaus zu wagen, dem strasburgischen Ordinariate in seine unbezweifelten Rechte der ersten Instanz einzugreifen, und daher den seichten Grund einer unerlaubten Metropolitanvisitation per Saltum zu entlehnen.

Wenn

a) C. 3. X. de appell. Concil. trident. Sess. 13. C. 1. de reform. et Sess. 24. C. 10. de reform.

b) Concil. trident. Sess. 24. Cap. 3. de reform.

c) Cap. 24. X. de accusat. et inquis.

Wenn endlich jenseitiger Schriftsteller die von den P. P. Paul und Beda nach Maynz ergriffene unförmliche und unzuläßige Berufung für eine Spoliensache ausgiebt, so zeigt er, daß entweder er selbst keinen gesunden Begriff von einer Spoliensache habe, oder daß er seine Leser äffen wolle. Wenn also ein Abt sich seines Gelübd- Regel- und statutenmäßigen Rechtes bedienet, einen ad nutum amovibilem Klosteroffizianten von einem Amte, wozu er gar kein Recht hat, abzurufen: so heißt das Ding zu Maynz ein Spolium. Wenn eine ganze Kongregation einen, oder den anderen, unruhigen Mönch, um ihn selbst zur Besserung, und seinem Hause zum Frieden zu helfen, nach Vorschrift der Statuten, auf eine Zeitlang in ein anderes Kloster verschickt: so gilt das zu Maynz wieder für ein Spolium. Ey! Ey! Ey! Wenn aber ein ungezweifelter, perpetuirlicher Dignitarius, wenn ein Supercanonice Erwählter, von seinem Herrn Ordinarius Bestätigter, von seinem Lehnherrn mit Regalien, Land und Leuten investirter, und infulirter reichsunmittelbarer Abt zu Schwarzach von einigen widerspenstigen Mönchen, mit Beyhilfe fremder Gewalt, tumultuarisch von seiner Administration und weltlichen Regierung verdrungen wird: so können unpartheyische maynzer Augen hieran unmöglich ein Spolium erblicken; weil der gehäßige Plan- und Absichten verderbliche Rechtssatz: Spoliatus ante omnia restituendus, ihnen geradezu im Wege steht. Ernsthafter ist auf so widersinniges Zeug, worüber auch die Dupondii und diejenigen, so weiter nichts, als Vesselii Erotemata gelesen haben, die Achsel zucken, nicht zu antworten.

Warum aber wird die durch die sämmliche Kongregation im J. 1766 von dem einseitigen erzbischöfl. Kontumazialbescheide nach Rom ergriffene Berufung dem Abte zu Schwarzach allein beygemessen? Warum wird die S. Congregatio Episcoporum et Regularium, ohne den mindesten Beweis, mit der bisher unerhörten Benennung einer inkompetenten und in Deutschlande nicht anerkannten Gerichtsstelle so diktatorisch beleget? Nachdem man sich doch damal, metropolitischer Seits, selbst unter der Hand alle Mühe gegeben hatte, die Sache von der S. Rota, wo die Kongregation solche anfänglich angebracht, auch bereits citationem cum inhibitione erhalten hatte, ab- und an die nämliche S. Congregationem zu bringen. Warum wird endlich die römische Urtel von 1770 ein einseitiger Kontumazialbescheid genennet? Da doch die P. P. Paul und Beda, des angeblichen jetzt erst erwähnten Verboths zu Rom sich einzulassen ungeachtet, zu Rom erschienen sind, ihren Anwald, in der Person des Monaldini, dort bestellet, und bis zum Austrage der Sache, ohne ihn abzurufen, sich von ihm vertretten lassen *), auch, vermög eigenen Extractus protocolli vicariatus metropolitici vom 19 Jäner 1769, die römischen Prozeßkösten in Anschlag gebracht haben. Ueber alles dieses muß man freylich die gefällige Erklärung des jenseitigen Geschichtverdrehenden Schriftstellers abwarten.

Die schnöde Zulage eines bey der Unterschrift des wider die P. P. Paul und Beda im J. 1763 erkannten Kongregationsdekrets vorgeblich begangenen Falsi, welches dem Abten Anselm, in jenseitiger Druckschrift beygemessen werden will, ist gar unverantwortlich. Nach den Gesetzen ist ein Falsum eine solche Lasterthat, welche durch arglistige und boshafte, zum Nachtheile eines Dritten unternommene Abänderung, oder Nachahmung der Wahrheit begangen wird **) Wer nun seinem Mitmenschen das Verbrechen eines Falsi öffentlich aufbürden will, der muß ihm die begangene boshafte Arglist, die Wahrheit zum Nachtheile eines anderen zu verargen, beweisen, oder aber sich gefallen lassen, für einen öffentlichen Verläumder gehalten zu werden. Hat dann jenseitiger Schriftsteller bewiesen, daß der Abt Anselm das vorgeblich falsche Kongregationsdekret gemacht, oder ausgefertiget, oder nur den mindesten Theil daran gehabt? Nein. Hat er dann wenigstens bewiesen, daß, nicht sowohl die sämmtliche Kongregation, als vielmehr insonderheit der Abt Anselm

*) S. die römische Urtel vom 24. April 1770 in den Beylagen zur Unstatthaftigkeit ꝛc. Num. 12.

**) L. 1, 23 ff. de L. Corn. de falf. Nov. 73 princ.

selbst jenes Dekret zu Rom vorgelegt, und noch oben darauf durch andere Falsa unterstützet habe? Nein. Ist dann doch wenigstens wahr, daß bey Ausfertigung jenes Dekrets ein wirkliches mit den gehörigen Erfordernissen ausgezeichnetes Falsum begangen worden? Nein, auch dieses ist nicht wahr; wie solches aus dem Verlaufe der Dinge sich von selbsten zeigen wird.

Als im versammelten Generalkapitel der Aebte von 1763 die Angelegenheiten der Abtey Schwarzach aufs Tapet kamen, mußte der Abt Anselm von Schwarzach abtretten. Hier ward nun, nach geschehenem Vortrage der Visitatoren, der einmüthige Schluß gefaßt, die P. P. Paul und Beda, zu Herstellung der Ruhe in ihrem Profeßhause, auf einige Zeit in andere Klöster zu verschicken. So bald der Abt Anselm hievon Nachricht erhält, interzediret er, zu Gunsten seiner beyden straffälligen Religiosen, bey dem Generalkapitel, in Hoffnung, daß sich dieselbe durch den gelinden Weg der Güte noch würden gewinnen lassen. Das Generalkapitel gab der Bitte des guten Abtes Anselm in so weit nach, daß der gefaßte Schluß die zween Friedensstörer zu verschicken, gleichwol einsweilen in Suspenso bleiben solle, dem Visitator ward aber zugleich aufgetragen, auf die erste Anzeige der nicht erfolgten Besserung der zween Unruhenstifter, den einmüthigen Kongregationsschluß sogleich zu bewerkstelligen, und das Verschickungsdekret, im Namen aller an dem Schlusse theilhabenden Aebte, ausfertigen zu lassen. Das Letzte geschah auch wirklich; der erste Visitator ließ durch den Kongregationssekretär das von allen Aebten resolvirte Dekret expediren und im Namen aller unterschreiben. Daß diese Expedition, nach der Schärfe betrachtet, etwas unregelmäßiges in der Gestalt habe, gibt man gerne zu; kein billiger, kein vernünftiger Mensch wird aber hiebey ein Falsum finden können.

Daß insonderheit die Aebte von Schuttern und Ettenheimmünster von der im Generalkapitel beschlossenen Verschickung der P. P. Paul und Beda gute Wissenschaft gehabt, auch dieselbe, als Mitglieder der Kongregation, selbst haben mitresolviren helfen, ist nicht nur aus ihren eigenhändigen an den würdigen Bruder des P. Beda im Christmonate 1763 erlassenen Antwortschreiben (*Lit. T. U. W.*); sondern auch, was dem Abt zu Schuttern betrift, aus dem eigenen Geständnisse des berüchtigten P. Beda Dilg (*Lit. X.*), ausser allem Zweifel.

Lit. T. U. W.

Lit. X.

Eben diese Wahrheit ist es, welche alle damalige Aebte und Theilhaber an der resolvirten Verschickung der P. P. Paul und Beda, und namentlich die Aebte von Ettenheimmünster, Schuttern und Gengenbach im J. 1766 abermal mit Hand und Munde feyerlichst bestätiget haben. (Anlage lit. Q.)

Worinn soll dann nun das angebliche Falsum des Verschickungsdekrets liegen? Darinn, daß das Dekret allen Aebten der Kongregation die beschlossene Verschickung der P. P. Paul und Beda zuschreibt? Es ist ja aber erwiesen, daß sie alle diese Verschickung selbst resolviret hatten; oder darinn, daß der Kongregationssekretär dem Dekrete die Namen der Aebte beygesetzt hat, da sie doch selbst nicht unterschrieben haben? Aber eben darum hat er ja ihren eigenen Befehl und Auftrag befolget. Wo ist dann das Falsum, das dem unschuldigen Abte Anselm so lieblos zu Last gelegte Falsum?

Allein, heißt es, einige Aebte hätten zu Maynz gerichtlich angezeiget, daß sie an jenem Dekrete keinen Theil gehabt und solches nicht unterschrieben haben. Wenn ein Falsum obwaltete, so würde solches nur in diesen durch die blosse Furcht vor kostspieligen Prozessen und ungerechten Umtrieben abgepreßten Anzeigen zu finden seyn; weil erwiesenermassen grundfalsch ist, daß diese Aebte die Verschickung der zween Unruhenstifter nicht mitbeschlossen haben. Welchen Zeugnissen und Urkunden wird wohl der Vernünftige eher Glauben beymessen: einer zur Abwendung ungerechter

rechter Kösten angesehenen, übereilten, eigennützigen, und nach der Hand durch eigene nähere Erklärung wiederrufenen Anzeige; oder aber den vor und nach der Hand freymüthig abgelegten und wiederholten feyerlichen Bekenntnissen, wie solche in den Anlagen (Lit. U, W, X, Q und Y,) enthalten sind?

Falsch ist abermal, daß den Aebten von Schuttern und Gengenbach im J. 1766. zu Ettenheimmünster eine gekünstelte Erklärung abgedrungen worden. Diese freymüthige nur der Wahrheit zu Steuer gegebene in der Anlage (Lit. Q.) enthaltene Erklärung bestätigen und wiederholen noch heute diese beyde Aebte, wie solches die Anlage (*Lit V.*) zur Schande des gegnerischen Schriftstellers, augenscheinlich erwahret. Eben so grundfalsch ist, daß gesagte Aebte ihre Erklärung erst alsdann gegeben, nachdem der Abt zu Schwarzach vordersamst alle Prozeßkösten über sich genommen. Die freywillige Erklärung der Aebte ist schon den 6. Nov. 1766 (Lit. Q.) unterschrieben worden, und die Uebereinkunft, wegen der Prozeßkösten, ist erst den 8 des nämlichen Monats, also zween Tage hernach, getroffen worden. Kraft dieser noch in Urschrift vorhandenen Uebereinkunft haben die Aebte den Prälaten zu Schwarzach aller jener künftigen Prozeßkösten, welche er, wegen der von dem einseitigen, beschwerenden, metropolitischen Entscheide nach Rom eingelegten Berufung, blos als ein Kongregationsmitglied hätte mittragen müssen und sollen, zum voraus großmüthig enthoben. Es ist also nicht die Hoffnung, oder vorgängige Zusicherung der Entschädigung von den Prozeßkösten, wie jenseits, wider besseres Wissen und Gewissen, will zu verstehen gegeben werden, welche die Aebte bewogen, ihre Erklärung der Wahrheit gemäß zu geben.

Lit. V.

Ad *a*) Falsch ist ferner, daß der angeregten Erklärung neue Falsa und gar Verläumdungen seyen einverleibet worden. Waren dann die Visitationsakten von 1756, von 1760 und 1763 (Beyl. A, E, F, H), worauf sich jene Erklärung bezieht, damal nicht vorhanden, oder steht vielleicht in diesen nichts von der schwarzen Unschuld der nur in jenseitigen Augen so würdigen Religiosen Paul und Beda? Wo ist aber der unerfindliche Beweis, daß die vom Kongregationssekretär 1763 aufgenommenen Depositionen ein nachgeschobenes Falsum sind?

Ad *b*) Daß die P. P Paul und Beda exulantis pacis auctores praecipui fuerint, ist bereits hinlänglich erwiesen (Hievor §. 2, 3, 4); daß sie es heutiges Tages noch sind, bezeugt die leidige, landkündige Erfahrung. Daß man sich aber jenseits nicht scheue, zween ausgeartete, gelübdbrüchige Klostergeistlichen, welche seit schon so vielen Jahren die gottlose Fahne der Empörung mit frecher Faust öffentlich schwingen, welche ihren rechtmäßigen Oberen, dem Ansehen ihres Bischofes, den Gebothen der höchsten weltlichen Obrigkeit, und selbst den Verfügungen des obersten Kirchenhaupts (§. 34) immerzu einen rasenden Troz entgegen setzen; welche ihr eigenes Haus und die ganze Nachbarschaft mit Gräuel und Aergerniß anfüllen; welche um in ihrer Zügellosigkeit geschützt zu werden, mit den offenbaren Feinden ihres eigenen Profeßhauses gemeine Sache machen: Daß man keinen Anstand nimmt solche Leute, die von ihren eigenen Mitbrüdern, und durch die selbst redende Erfahrung, als faule Glieder, als verdorbene Auswürflinge und offenbare Feinde ihres Klosters (Beyl. C, D), ausgezeichnet sind, für die würdigsten Religiosen anzupreisen; das heißt doch beynahe mit unbedachter Hand das gebrandmarkte Laster selbst auf den Altar erheben. Daß einer von ihnen, um dessen ewigem Murren Einhalt zu thun, zum Prior und Pfarrherrn und der andere, zu Besänftigung seiner gefährlichen Herrschsucht, zum Großkeller ernannt, auch dieser zum Generalkapitel deputiret worden, beweist sehr wenig. P Isidor ist auch zum Prior ernannt worden, und doch war er, nach dem eigenen jenseitigen Geständnisse, ein Böswicht; er mußte, wie jene, weil er sich des anvertrauten Amtes, wie sie, unwürdig bezeigt, davon abtretten. Saul ist von Gott selbsten zum Zepter, Kaiphas zum Hohenpriesterthume, und Judas von dem Weltheilande zum Apostelamte berufen worden ꝛc. und doch ist bekannt, wer sie waren, oder geworden sind.

Die von dem guten Abte Bernard auf das ihm vorgelegte Zeugniß erpraktizirte Unterschrift, erprobet ebenmäßig sehr wenig; diesem guten Manne, der, um den Frieden zu erhalten, sich selbst hätte die Finger abhauen lassen, hatte man weiß gemacht, es fehle zur Herstellung der Ruhe, zur Besänftigung der Meutenirer und zur gütlichen Beylegung alles Zwistes, nichts als dessen Unterschrift auf das den P. P. Paul und Beda eben so günstige, als unverdiente Zeugniß; er unterschrieb, und ward getäuschet. Wäre aber auch Abt Bernard nicht hintergangen worden: würde wohl dessen einzeles unbeschworenes Zeugniß jene Aussagen, welche von so vielen beeidigten Religiosen in den vorgegangenen Visitationen, welche von dem sämmtlichen Konvente gegen diese zween Religiosen mehrmahl wiederholet worden, überwiegen? Gewiß nicht. Sollen aber alle Zeugnisse des Abtes Bernard über alle gegründete Einreden erhoben seyn; so hätte die erzbischöfl. Kommission doch auch einigen Bedacht auf jenes treu- und pflichtmäßige Attestat nehmen dörfen und müssen, welches eben dieser Abt Bernard in der Visitation von 1770 dem Abte Anselm von seiner treflichen Verwaltung im Geistlichen und Zeitlichen ausgestellet hat (Beyl. Lit. N). Oder ist etwa in den unparteyischen Kommißionsaugen nur jenes Zeugniß giltig, welches Abt Bernard den Aufrühreren P. P. Paul und Beda gegeben, jenes aber, so er dem Abte Anselm erstattet, ganz und gar kraftlos? Es ist ohnehin nicht abzusehen, was dergleichen erbettelte Attestate gegen gerichtliche Akten erweisen sollen.

Ad *c*) Jenseitiger Schriftsteller ist hier ein seichter Spiegelfechter. Freylich steht die vom P. Beda dem durch den Abt Bernard auszustellenden Resignationsinstrumente einverleibte Bedingniß: Daß ein der klösterl. Rechte und besonders des zu Wezlar hangenden Prozesses kündiger Religios zum Abte solle erwählet werden, nicht in der Resignationsurkunde; weil jener erste Aufsatz, der diese Bedingniß enthielt, vom Hr. Ordinarius auf der Stelle ist verworfen, und nicht ausgefertiget worden. Bringe aber der Verfasser jenen ersten von P. P Paul und Beda entworfenen und nicht angenommenen Aufsatz ächt herbey, und lasse urtheilen, ob jene Bedingniß nicht darinn stehe. Bis dahin werden die zu Ettenheimmünster versammelten sechs Aebte in ihrer gewissenhaften Aussage etwas mehr Glauben verdienen, als jenseitiger Schriftsteller, der hier, wie überall, nur die unwahren Aussagen der P. P. Paul und Beda gefällig wiederholet.

Ad *d*) Es würde viel zu weitläufig seyn, alle tückische Ränke, hinterlistige Aufhätzungen und vermummte Wege anzuführen, deren sich die P. P. Paul und Beda von Anbeginn bedienet, die Wahl des Abtes Anselm heimlich und besonders bey dem hochfürstl. speyerischen Lehnhofe, anzufechten; wo sie es auch so weit gebracht hatten, daß der klösterl. Lehnherr sich ihnen durchaus günstig und dem Abte Anselm abgeneigt erzeigte, und ihn bis 1768 nicht für einen Vasallen anerkennen wollte, bis endlich Höchstderselbe mit Händen greifen mußte, daß die zween unruhigen Köpfe nichts anders suchten, als ihr Profeßhaus ihren rachsüchtigen Leidenschaften aufzuopfern. In der Zeit nun, als der Höchstseelige Hr. Kardinal Fürst-Bischof zu Speyer zu Gunsten der zween Religiosen noch eingenommen waren, wurden Höchstdieselbe verleitet, ihnen ein unverdientes Zeugniß auszustellen, welches man geziemend verehret, aber dabey nicht umhin kann zu bemärken, daß es ganz unbegreiflich ist, wie darinn versichert werden könne, diese Religiosen hätten weder *directe*, noch *indirecte*, gegen die Wahl ihres Abtes etwas unternommen. Diese Ausdrücke unterstellen eine vorgängige genaue Untersuchung nicht nur aller zum Lehenhofe gehöriger Personen, sondern auch aller Schriften, Schritte, Tritte, und Wege, so durch diese Religiosen mittel- oder unmittelbar sind gebraucht und angebracht worden; daß aber diese Untersuchung jemal geschehen sey, ist eben so wenig wahrscheinlich, als erweislich. Dieses Zeugniß erweist daher viel zu viel, em genug zu beweisen. Um sich den Augen und dem Wissen des hintergangenen Lehenherrn zu entziehen, bräuchte es von Seiten der hinterlistigen Aufwiegler weiter nichts, als daß sie Niemanden eine schriftliche Vollmacht ertheilten, oder eigenhändig an jemand schrieben; sondern ihr Gewerb der Finsterniß immer hinter einem Dritten versteckt trieben. Daß auch dieses, ihrer Gewohnheit nach, wirklich geschehen, erweist die Anlage (Lit. H). Wenn man noch heute den untadelhaften Meutprediger P. Paul höret, so weiß dieses übertünchte Grab von allem dem, was seit 8 Jahren zu Schwarzach vorgegangen, nicht das mindeste. Er schilt bey jeder Gelegenheit aus vollem Halse auf den Eigensinn, den Hochmuth, das Schuldenmachen des P Beda; er eifert recht christlich auf die ausgelassene und aufgeblähete Dummheit und Unwissenheit der jungen bedaischen Anhänger; er vergießt Krokodilenzähren über das unvermeidliche Verderben des Klosters; und doch weiß ein jeder Bauer, daß eben dieser unschuldige Pharisäer der Urheber, die Seele und die geheime Triebfeder alles Unwesens ist.

§. 9.

„ Bis dahin sey alles im Umkreise der geistl. Gerichtbarkeit geblieben, doch habe der „ Abt Anselm einen Absprung an den kaiserl. u. R. Hofr. gewaget, wo ebenmäßig falsche „ Belege angebracht worden seyen". §. 11. und Not. *)

Es scheint man wolle dem guten Abte Anselm auch daraus ein Verbrechen machen, daß er im J. 1766 wegen des durch die fürstl. badische Regierung, zufolge metropolitischer Requisition, auf die klösterl. Zehenden zur Alimentation der flüchtigen beyden Religiosen verhängten Arrestes, mithin in einer weltlichen Sache, den Rekurs an den kaiserl. Reichshofrath genommen. Warum nimmt man aber den P. P. Paul und Beda nicht übel, daß sie im J. 1765, durch den Kanal des Reichsschultheissen von Gengenbach, einen nahen Anverwandten des P. Pauls, sich, wegen ihrer Entsetzung von dem Priorate und der Großkellerey, auch zeitlicher Verschickung in andere Klöster, mithin in einer bloßen Disziplinssache, an den kaiserl. Reichshofrath gewendet und dort nicht nur um ihre Restitution, sondern auch um eine kaiserl. Kommißion zu Untersuchung der klösterl. Temporalien fruchtlos gebethen; wozu P. Beda die Beylagen den 4. Jäner 1765 zu Mayns durch den Notarius Gebry hatte vidimiren lassen a)? Hätte der Abt Anselm einen solchen Schritt zum Nachtheile der geistl. Gerichtbarkeit gewaget; wie heftig würde man Zetter über ihn schreyen! Allein jenseitige überall hervorstehende Unpartheylichkeit suchet nur Splitter im Auge des Abtes Anselms und wendet das Angesicht ab, um den Balken der Empörer nicht sehen zu müssen Die Zulage der vom Abte Anselm am kaiserl. Reichshofrath vorgeblich angebrachten falschen Belegen ist abermal eine falsche Erdichtung.

§. 10.

„ Der Abt Anselm habe einen solchen Geist der Verschwendung blicken lassen, daß er „ die Aufmerksamkeit des Hr. Marggrafen rege gemacht, höchstwelchem das Kloster „ Schwarzach kundbarlich die Eigenschaft als Kastenvogt nicht bestreite" §. 13.

Hier wiederholet jenseitiger Schriftsteller abermal getrost die in der badischen Druckschrift der Landesfürst ꝛc. vorgetragenen Unwahrheiten und Verläumdungen. Ob und wie weit die Abtey dem fürstl. Hause Baden die Eigenschaft eines Kastenvogtes bestreite oder nicht, darüber hätte er nicht allein das Vorgeben der badischen Sachwalter, sondern auch die abteyliche Behauptung in der Unstatthaftigkeit §. 5—15, 50—54 zu Rathe ziehen sollen, ehe er so diktatorisch bodenlose Sätze aufgestellet.

a) Dieses am K. R. H. R. unter verdecktem Namen durch die zween Empörer unförmlich angebrachten Gesuches erwähnet Moser von der deutschen Justizverfassung (I. Th. S. 897.)

Da die dem Abte Anselm so fälschlich aufgebürdete Bezüchtigung der Verschwendung mit gar nichts erwiesen werden konnte; so wird, um das Gegentheil auf der Stelle darzuthun, weiter nichts nöthig seyn, als daß man sich auf die Beylage Num. 13. zur Unstatthaftigkeit, auf die eigene Anlage, zu jenseitigem Promemoria Num. XV. §. 3. und auf die hier angeschlossene Urkunde Lit. N. berufe. Ein fernerer augenfälliger Beweis, daß der Abt Anselm kein Verschwender ist, liegt darinn, daß er lieber die Gefahr laufen wollte, allen Unwillen der eigennützigen metropolitischen Herrn Kommissarien sich auf den Hals zu ziehen, als ihnen die eben so kirchensatzungswidrig *) als dringend geforderten 10000 fl. Diätengelder, mittelst einer neuen Geldaufnahme, auszubezahlen **); da doch er und jedermann mit Händen greifen konnte, daß, diese Verschläuderung der klösterlichen Substanz, wozu ein Verschwender sich gewiß leicht würde verstanden haben ***), das sicherste Mittel gewesen wäre, sich von allen Beschuldigungen loszukaufen. Uebrigens provoziret man, wegen dieser ehrenrührigen Beschuldigung, auf die vom Abte Anselm im J. 1781 dem höchstpreislichen kaiserl. Kammergerichte in Urschrift übergebenen beurkundeten Rechnungen.

Es ist wahr, die Abtey Schwarzach hat unter der Regierung des Abtes Anselm innerhalb 20 Jahren zu ihrem Behufe bey 40000 fl. Kapitalien aufnehmen müssen. Es ist aber auch wahr, daß diese Geldaufnahmen zu Herstellung der vielen NB. capitulariter resolvirten Klostergebäude und zu rechtlicher Vertheidigung der klösterl. althergebrachten Gerechtsamen, gegen die thätlichen und täglichen Eingriffe ihrer Nachbarn, und besonders ihres eigenen Schutzherrn, nicht weniger zu Bestreitung des von den flüchtigen P. P. Paul und Beda muthwillig angezettelten langwürigen Prozesses nothwendig waren; zumalen ihr, viele Jahre hindurch, erstlich ein märklicher Theil ihrer Einkünfte durch die gewaltsamen badischen Arreste entrissen, (§. 11) und nachher sämmtliche Gefälle im Reiche durch den intrudirten anmaßlichen Schaffner Beek hinweg gekapert worden, ohne daß ihr seither Rechnung oder schuldige Restitution geschehen ist (Unstatthaftigkeit §. 18). Eben so zuverläßig wahr ist, daß einerseits die Geldaufnahmen niemal einseitig durch den Abt Anselm, sondern jederzeit durch förmliche Kapitelsschlüsse NB. von sämmtlichem Konvente sind resolviret worden: anderer Seits aber durch die bey den klösterl. Unterthanen angelegten Kapitalien und ausstehenden Extanzien übermäßig kompensiret werden. Wie ist es nun möglich, wegen der vom Kloster gezwungener Weise gemachten Schulden, dem Abte Anselm das Laster der Verschwendung aufzuhalsen, ohne der Billigkeit, ohne der gesunden Vernunft den Krieg anzukünden? Die Veranlassung dieser Schulden ist hauptsächlich in den badischen Zudringlichkeiten zu suchen, und allenfalls müßte der von diesen nothdringlichen Geldaufnahmen entlehnte unbillige Tadel nicht so wohl auf den Abt Anselm, als vielmehr auf das ganze Konvent fallen.

§. 11.

„ Baden habe demnach die Einsicht der Klosterrechnungen verlanget; weil der Abt „ diese verweigert, seyen die klösterl. Gefälle mit Arreste beleget worden, wodurch die Noth

*) Concil. trident. Sess. 24. de reform. cap. 3.

**) Unstatthaftigkeit §. 33. und not. *) ad §. 31.

***) Der P. Beda hat sich einen besonderen Verdienst dadurch erworben, daß er sich mit seinem Anhange sehr bereitwillig erzeiget, ein Kapital für die exorbitanten kommissarischen Diäten aufzunehmen. Wirklich hatte er auch schon jemand zu Strasburg ausfindig gemacht, der das Geld um 5 pro Cento gegen Verpfändung der klösterl. Fundationsgüter, zum Besten des Klosters, und zum lieben Nutzen der Herren Kommissarien vorschiessen wollte, wofern nur der Prälat mit den Seinigen darein willigen würde. Allein der Verschwendungsgeist des Abtes Anselm war zu dieser gottseligen Verschläuderung nicht zu bewegen. Der Unvorsichtige! Sind dessen plurimi iique graves Defectus et excessus nicht handgreiflich?

„ Noth des Klosters merklich sey vermehret worden. Das Konvent habe durch ein Kapitularkonklusum vom 16. Aug. 1771 die Vorlage der Rechnungen beschlossen; welches „ der Abt aber nicht befolget habe". §. 14, 15, 16.

Auch hier ist jenseitiger Schriftsteller wieder der treue Wiederhall der badischen Sachwalter. Warum verschweigt er aber, daß das erzbischöfl. Vikariat selbst die fürstl. badische Regierung schon im J. 1765 aufgefodert, die Noth des Klosters zu vermehren, und mittelst abgelassener Requisition vom 10. Dec. 1765 dieselbe förmlich ersuchet, die klösterl. Einkünfte im Badischen mit Arreste zu belegen, dieselbe zu versilbern und jährlich 1000 Rthlr davon den flüchtigen P. P. Paul und Beda nach Mayns zu schicken? Die fürstl. badische Regierung ergriff mit Vergnügen die ihr von Mayns aus dargebothene Gelegenheit, aus kastenvogteylicher Obliegenheit, dem Kloster, ihrem Rechtswidersacher, wehe zu thun. Alle klösterl. Einkünfte, Früchte und Wein im Badischen wurden 1766, 1767, 1768 mit Arreste bestricket, und den badischen Unterthanen um den geringsten Preis unverantwortlich hingeschläudert, Kösten auf Kösten muthwillig gehäufet, und die Noth des Klosters aus allen Kräften vermehret. Es war also nicht, wie jenseits wahrheitswidrig vorgebildet wird, der Verschwendungsgeist des Abtes, der die Aufmerksamkeit des Hr. Markgrafen rege gemacht, nicht die verweigerte Vorlage der klösterl. Rechnungen, woran damal Baden selbst noch nicht dachte, so den Arrest auf die klösterl. Einkünfte veranlaßten, sondern das erzbischöfl. Vikariat selbst war es, dem die Abtey diesen Anfall (wollte Gott, es wäre der einzige und letzte gewesen) zu verdanken hatte.

Obgleich endlich die Abtey ad redimendam vexam, und um des schädlichen Arrestes los zu werden, sich dahin verstanden, die verlangten Gelder jährlich selbst nach Mayns zu entrichten, und derhalben für die Zukunft Bürgschaft geleistet hatte; obgleich das erzbischöfl. Vikariat hierauf die fürstl. badische Regierung ersucht, nun mit dem Arreste in Zukunft einzuhalten: so hatte man doch badischer Seits schon zu viel Geschmack an dieser einträglichen Verarrestirung, an dieser bequemen Art, seinen Klienten zu entkräften, gefunden, als daß man sich hätte entschliessen können, so leicht davon abzustehen. Um einen Vorwand zu haben diesen Arrest fernet fortsetzen zu können, gerieth man nun auf den seit mehr als ein halbes Jahrhundert entfallenen Gedanken, dem Kloster nicht die blose Einsicht der Rechnungen, wie jenseits abermal fälschlich vorgegeben wird, sondern deren *NB.* observanzwidrige und zwar innerhalb 3 Tagen zu bewerkstelligende Einschickung zuzumuthen. Als die Abtey dieser widerrechtlichen Neuerung sich nicht fügen konnte, ward der befragte Arrest, nun wegen verweigerter Einsendung der Rechnungen, bis in das J. 1774 fortgesetzt, wie solches sowohl, als auch die rechtsbeständige Ursache, warum der Abt Anselm, wegen der übertriebenen badischen Zumuthungen, den Kapitelsschluß von 1771 unmöglich befolgen konnte, in der Unstatthaftigkeit §. 17, 24, 28, 55, 56, bereits weitläufiger ausgeführet worden. Den ganzen Verlauf und die Beschaffenheit dieses Rechnungswesens, hat, dem Vernehmen nach, der Abt Anselm den erzbischöflichen Kommissarien mit allen dazu gehörigen Urkunden unter die Augen gelegt. Es scheint aber, aus lauter Unparteylichkeit habe man den Stoff zu jenseitigem Promemoria lieber aus trüben Pfützen, als aus reinen Quellen schöpfen wollen.

§. 12.

„ Um dieser Verlegenheit des Klosters vermeyntlich abzuhelfen, habe der verstorbene „ Hr. Kardinal Bischof zu Strasburg eine eigene Visitation zu Schwarzach vorgenommen, und solche theils durch die dem Abte Anselm offenbar günstige Räthe, theils in „ eigener Person vollzogen. Bekanntlich sey dieser alte Herr des Gesichts und Gehörs „ beynahe gänzlich beraubt, auch keiner anderen, als der französischen Sprache, vollkommen kundig gewesen." §. 17, 18.

Die im ganzen Bistume Strasburg landkündigen Unwahrheiten, so hier vom Mangel des Gesichts, Gehöres und der Sprachkunde des höchstseligen Herrn Kardinals von Rohan zur Zeit der im J. 1773 zu Schwarzach gehaltenen Visitation vorgetragen werden, hat jenseitiger Verfasser unbehutsam aus den von den rebellischen Religiosen den 26. Sept. 1775 aufgesetzten und den 30. Okt. 1775 sub Lit. L. zu Maynz übergebenen unwürdigen Noten geschöpft. Vortrefliche Quelle der Wahrheit! Es ist falsch, daß schon im J. 1773 höchstgedachter Hr. Kardinal des Gesichts beynahe gänzlich, oder nur zum Theile, beraubt gewesen *). Höchstdieselbe haben, kaum drey Tage vor gesagter Visitation, einen ziemlich fein geschriebenen mit vielem Lateine vermischten Aufsatz, in Gegenwart des Verfassers gegenwärtiger Anmärkungen und anderer verehrlichen Zeugen, bey einer halben Stunde lang selbst gelesen, auch den summarischen Innhalt verschiedener vorgekommenen lateinischen Stellen französisch und vollkommen ausgedruckt. Wer mit Sr. Hochf. Eminenz näher umzugehen das Glück gehabt, weiß daß Höchstdieselbe mit den besten alten römischen Schriftstellern bekannt genug waren, um so schöne lateinische Stellen aus denselben gelegenheitlich anzubringen, die einem Gelehrten von Profeßion Ehre gemacht haben würden. Der Vorwurf von dem fälschlich in das J. 1773 hinaufgesetzten Mangel des Gesichtes und der Sprachkunde seiner Eminenz **) sind also unnütze, offenbare Unwahrheiten. Landkündig ist ohnehin das Höchstdieselbe den Gebrauch des Gehöres bis auf den letzten Hauch beybehalten haben.

Allein wenn auch höchstgedachter Fürst schon im J. 1770 des Gesichts völlig wären beraubt gewesen, was würde dieses zur Sache thun? Seine erzbischöfliche Gnaden zu Maynz sahen und höreten ja auch in der ganzen schwarzacher Metropolitanvisitation nichts mit eigenen Augen und Ohren; Höchstdieselbe sahen und hörten ja auch nur durch die Augen und Ohren ihrer Kommissarien, und wenn Sie diesen in einer Entfernung von 30 Stunden Wegs glauben konnten; warum sollte es nicht der selbst in Schwarzach gegenwärtige Fürst Bischof von Strasburg seinen untadelhaften ersten Vikariatsgliedern haben thun können? Zumalen diese verehrungswürdige Mitglieder, und bischöfl. Räthe, nach dem Urtheile aller, die sie näher, als aus Verläumdungen kennen, das ganze Zutrauen Sr. Eminenz und einer Welt verdienen. Nicht des Abtes Anselm sondern der Wahrheit und Gerechtigkeit haben diese bisher sich offenbar angenommen. Der auf sie geworfene schiefe Tadel gründet sich darinn, weil sie zu rechtschaffen waren, einer empörten Rotte zu gefallen, Verächter der Gerechtigkeit und Feinde des würdigen Abtes Anselm zu werden.

§. 13.

„ Dessen ungeachtet hätten sich Se. Eminenz 1) den nun erst in Untersuchung zu „ nehmenden Fall des P. Isidors, 2) die Sache der P. P. Paul und Beda, 3) die „ Temporalverwaltung des Abtes zur persönlichen Verhandlung vorbehalten. Obwohl „ die ganze Visitation nur wenige Tage gedauert, und keine förmliche Klosterrechnungen, „ sondern nur unvollkommene Rapularia vorhanden gewesen, sey doch der Abt Anselm, „ wegen des isidorischen Falls, unschuldig erkläret, die Rückkehre der beyden Religiosen „ verordnet, und die Wirthschaft des Abtes belobet worden" §. 19.

Hier

*) Erst nach dem J. 1773 äusserten sich bey höchstgedachtem Fürsten Spuren des Staares und eine Blödigkeit des Gesichtes.

**) Wenn bey Visitationen eine vollkommene Kenntniß verschiedener Sprachen so gar von Fürsten gefodert wird, was muß man von dem Geschäfte solcher Subalternen halten, welche im Frühlinge 1781 selbst offenherzig gestunden, daß ihnen die lateinische Sprache nicht geläufig genug sey, um in derselben mit den strasburgischen Vikariatsgliedern eine kleine Konferenz zu halten, und deshalben sich genau erkundigten, an welche dieser Vikariatsglieder sie sich wenden müßten, um nur Deutsch (vollkommen, oder unvollkommen) reden zu dörfen.

Hier liegt, löblich angewöhntermassen, abermal ein Paar Unwahrheiten vor Augen. 1) Unwahr ist, daß der isidorische Fall nun erst in die Untersuchung sollte genommen werden. Hievor (§. 4) ist aus Urkunden dargethan, daß solcher lange vorher schon mehrmalen gründlich war untersuchet worden; zugleich hat man auch die Ursache angegeben, warum Se. Hochfürstl. Eminenz denselben abermal haben untersuchen wollen. Da bey dieser Untersuchung es lediglich auf die erst durch Ausbreitung einer abscheulichen Verläumdung veranlaßte Frage ankam: Ob der Abt Anselm bey jenem unglücklichen Vorfalle sich etwas habe zu Last kommen lassen; und da sowohl die Akten und Protokollen der vorherigen Visitationen, als auch die lebendigen Zeugen, der Unschuld des Abtes Anselm das Wort einhellig redeten: so konnte dieser Frage in kurzer Zeit auf den Grund gesehen werden.

2) Die Sache der P. P. Paul und Beda war schon durch ein gerechtes Urtheil des höchsten geistlichen Richters seit dem J. 1770 zu Rom endlich entschieden *). Dem Herrn Ordinarius gebührete deshalben eben so wenig, als es den erzbischöfl. Kommissarien nach der Hand geziemet hat, eine von der höchsten geistlichen Obrigkeit entschiedene Sache, abermal in eine weitschichtige anmaßliche Untersuchung zu nehmen, um den oberstrichterlichen Entscheid attentative und nichtiglich zu reformiren (Unstatthaftigkeit §. 40). Weil aber die widerspenstigen P. P. Beda und Paul, von dem erzbischöfl. Vikariate unterstützt, mit der römischen Urtel nur ihren Spott trieben, auch ausserhalb des Klosters mit dessen schweren Kösten herumirreten, solches täglich mehr verschreyeten, Aergerniß mit Aergerniß häufeten: so kam es nun lediglich darauf an, Mittel und Wege zu finden, diesem ihrem Unwesen ein Ende zu machen. Nun greift ein jeder mit Händen, daß hiezu weder eine lange Untersuchung, noch eine förmliche Visitation nothwendig war. Weil Se. Eminenz schon aus eigener Bewegung beschlossen hatten, die zween widerspenstigen Empörer in ihr Profeßhaus, zur Klosterzucht, und zu ihren Pflichten zurück zu rufen: so brauchte es weiter nichts, als das Konvent (welches die Empörer verabscheuete Beyl. C, D) durch das bischöfliche Ansehen dahin zu bringen, die Flüchtlinge wieder aufzunehmen. Wie viel Zeit glaubt nun wohl jenseitiger Tadler frommen Kindern nöthig zu seyn, um die Stimme eines liebreichen Vaters gehorsamlich zu verehren?

3) Was nun die Rechnungen betrift, so hätte jenseitiger Schriftsteller doch wissen sollen, daß nur die klösterl. Offizianten mit der Einnahme und Ausgabe im Kleinen beschäftiget sind, und daß nur diese förmliche Rechnungen zu führen haben, welche auch *NB.* vorhanden waren und vorgelegt worden sind. Ein Prälat (von dem hier allein die Frage ist) hat keine besondere Verwaltung; Er nimmt das Geld von seinen Offizianten ein, und stellet ihnen davon wieder zur Ausgabe zu. Diese seine, nur in baarem Gelde bestehende Einnahme und Ausgabe trägt er in sein Manual ein. Alles ist kurz beysammen. Eine kameralische in vielfältige Rubriken eingetheilte Rechnung ist weder von ihm zu erwarten noch der Natur der Sache angemessen. Die Statuten verbinden auch einen Abt nicht zu kameralischer Rechnungsablage, sondern zur Vorlage eines getreuen status temporalium monasterii (hieunten §. 31). Es wird dabey nicht, wie bey einem verrechnenden Diener, auf Kleinigkeiten, sondern, wie bey einem redlichen Hausvater auf eine treue Wirthschaft gesehen, besonders wann das Konvent selbst keine Beschwerden führet. Der Abt Anselm hat sein vollkommenes beurkundetes Rechnungsmanual **), so wie den statum temporalium monasterii dem Herrn

*) Beyl. Num. 12. zur Unstatthaftigkeit.

**) Es ist gar nicht zu begreifen, wie man sich jenseits beygehen lassen können, die mit der größten Treue, Redlichkeit und Ordnung geführten Rechnungsmanualen des Abtes Anselm so unbestimmt zu tadeln. Da man doch zu den untreuen Rechnungen des P. Beda so gefällig die Augen schließt.

Kardinal getreulich vorgelegt, solches ist genau geprüfet und er ist dabey als ein guter Wirthschafter befunden worden.

Nun läßt sich doch leicht begreifen, daß alles dieses, nebst der gewöhnlichen Visitation, innerhalb 8 Tagen sehr leicht und gründlich untersuchet werden konnte; zumalen niemand, aus Hoffnung fetter Diäten bey aufzüglichen Umtrieben oder steifer Vertiefung in elende Nebendingcher und alte längstens abgethane Sachen ein Interesse haben konnte.

§. 14.

„ Obgleich man erzbischöfl. Seits an dem Befunde der klösterl. Wirtschaft gezweifelt, „ habe man doch die P. P. Paul und Beda gegen die ihnen zugesicherte Amnestie in ihr „ Profeßhaus zurückgewiesen; weil dadurch das erzbischöfl. Urtheil, so viel die Restitu„ tion beyder Mönche betraf, seine Wirkung erhielt. Baden sey aber von der gefoderten „ Rechnungsvorlage nicht abgestanden, sondern habe im J. 1774 deshalben eine Kom„ mißion nach Schwarzach geschickt" §. 20, 21.

Das ist doch ganz besonders verbindlich! Dem verehrlichen, dem richterlichen Fürstenworte des Hr. Kardinals Bischofes zu Strasburg legt man zu Maynz keinen Glauben bey; und in das Vorbringen der badischen Sachwalter, in die elenden Verdrehungen des Landesfürsten ꝛc. in die Verläumdungen zweyer empörten Mönche setzt man gar keinen Zweifel.

Hatte man aber metropolitischer Seits gegründete Ursachen, an der Legalität, Unpartheylichkeit und Gründlichkeit der von Sr. Hochfürstl. Eminenz im J. 1773 zu Schwarzach gehaltenen Visitation zu zweifeln, warum hat man dann seine metropolitische Pflicht, die vorgeblichen Mängel der gebrauchten Verfahrungsart sogleich gehörig zu ahnden, unterlassen? Warum hat man vielmehr alles genehmiget? Warum haben damal Se. Kuhrfürstl. Gnaden selbst in einem höchsteigenen an höchstgedachten Herrn Kardinal erlassenen Schreiben dem von Sr. hochfürstl. Eminenz in dieser Visitation bezeigten apostolischen Eifer ein so schönes und wohlverdientes Lob beygeleget, daß von höchstdessen Betragen im Pastoralamte nur bey den Vätern der ersten Kirche Beyspiele zu finden seyen?

Abermal etwas seltsames! man gesteht hier selbst, daß man in Heimweisung der zwey flüchtigen Religiosen, nicht das Wohl des Klosters, nicht die Herstellung der Ruhe, nicht die Hebung des öffentlichen Aergernisses; sondern lediglich die vermeynte Vollstreckung des einseitigen, des beschwerenden, des oberstrichterlich kaßirten maynzischen Urtheils von 1766 zum Augenmärke gehabt habe. Nach diesem Geständnisse läßt sich kein Augenblick mehr zweifeln, wie es auch der Erfolg ohnehin bewähret hat, daß die erzbischöfl. Kommißion im J. 1778 nicht in der christlichen Absicht nach Schwarzach gekommen, Ruhe und Ordnung herzustellen, nein, daran wurde nicht gedacht; sondern

---

Die erzbischöfl. Kommissarien haben diesem seine verwerfliche Rechnungen mehrmalen gefällig umgiessen machen; wozu Jahrenweise ein in der Kunst für üble Haushälter idealische Rechnungen zu stellen besonders berühmter Mensch gebraucht worden; diese künstliche Umgüsse sollen die Abtey über 1000 fl. zu stehen gekommen seyn. Dannoch wimmeln jene Rechnungen voll der enormesten Fehler. Ein guter Theil der damit übergebenen Belegen sind theils erwiesen, theils erweislich unächt und falsch. Dannoch ist dem P. Beda nicht nur alles zu gut gehalten, sondern er ist noch zum Lohne seiner gottlosen Wirthschaft und seiner unredlichen Rechnungen bey der usurpirten Verwaltung zum Theile ausdrücklich gehandhabet worden. Es bleibt daher noch ein unaufgelösetes Problem, ob die erzbischöfl. Kommissarien durch die untreuen badischen Rechnungen wirklich sind hintergangen worden, oder sich gerne haben wollen hintergehen lassen. Letztes ist um so wahrscheinlicher, als sie vor diesen Rechnungsbetrügereyen mehrmalen schriftlich und mündlich sind gewarnet worden.

sondern lediglich obgesagte erzbischöfl. Vikariatsurtel, nach allen Regeln der Eigenmächtigkeit, und des offenbahren Unfugs, es koste was es wolle, in allen Theilen zu vollstrecken. Et factum eit ita, invocato caeteroquin divino nomine. Was die Abschickung einer badischen Kommißion nach Schwarzach zum wahren Endzwecke hatte, ist in der Unstatthaftigkeit §. 24. bereits gezeigt worden.

§. 15.

„ Bey Ankunft der badischen Kommißion seyen von dem Amtsantritte des Abtes An„ selm keine Klosterrechnungen vorhanden gewesen, ungeachtet Strasburg darob die „ Gründe der prälatischen Wirthschaft geschöpft haben wollte. Woraus das unrichtige „ Verfahren der bischöfl. Räthe, auch wie sehr der Hr. Kardinal zu Gunsten des Abtes „ und zum Nachtheile gebeugter Religiosen getäuscht worden, erhelle" §. 22.

Welche erbärmliche den badischen Sachwaltern blindlings nachgeschriebene Konfusion! Welche elende Spiegelfechterey! Die Rechnungen der klösterl. Offizianten waren allerdings vorhanden; allein diese, wie sie da waren, hatte Baden weder aus den Schirmbriefen, noch aus dem Besitzstande eben so wenig ein Recht einzusehen *), als die prälatischen Rechnungen; daher konnte und wollte man, weder eine, noch die anderen, den badischen Kommissarien vorlegen. Vermög der Observanz war Baden höchstens berechtiget, auf klösterl. Anrufen, die Schaffnersrechnungen miteinzusehen. Baden konnte also allenfalls die Vorlage der Rechnungen, nicht des Prälaten, nicht über sämmtliche klösterl. Revenüen, sondern nur über solche Gefälle verlangen, welche ehedem den weltlichen Schaffnern zur Verwaltung anvertrauet waren. Dergleichen Rechnungen waren freylich seit von mehr als 50 Jahren keine vorhanden; diese mußten erst, nach der Rückkunft des Abtes von Wetzlar, aus den Offiziantenrechnungen, nach der alten Form, verfertiget werden. Was hat sich aber jenseitiger Verfasser hierin zu mischen? Es ist daher grundfalsch, daß der höchstsel. Hr. Kardinal, aus diesen nicht vorhandenen nur Partikulargefälle betreffenden Schaffnersrechnungen die Gründe der belobten prälatischen Wirthschaft geschöpft habe; auch nicht aus den vorhandenen Offiziantenrechnungen, sondern lediglich aus den von dem Abte über seine eigene persönliche Einnahme und Ausgabe ordentlich geführten Originalrechnungen und dem beurkundeten Statu temporalium sind diese Gründe, nach vorgängiger genauen Untersuchung, geschöpft worden.

Wie sieht es nun mit der den würdigen bischöflichen Räthen so schnöd angeschmützten Beschuldigung eines unrichtigen Verfahrens, einer schändlichen Täuschung des Hr. Kardinals, zum Nachtheile gebeugter Religiosen aus? Welches waren aber diese gebeugten Religiosen? Da alle auch die letzten Visitationsakten von 1773 Bürge sind, daß damal kein Religios über die Wirthschaft seines Abtes geklaget; so können durch diese armen Gebeugten nur die damals noch zu Maynz sich aufhaltenden untadelhaften 10 jährigen Flüchtlinge P. Paul und P. Beda verstanden werden.

§. 16.

„ Worauf die badischen Kommissarien sich hätten begnügen müssen, Fragen über das „ Temporale zu stellen, die Gebäue des Klosters zu besichtigen, Wein und Früchte zu in„ ventiren und eine Interimsadministration anzuordnen, welche, auf den Vorschlag meh„ rer Konventualen, auf den P. Beda, als den erfahrensten, übertragen worden sey, ob„ gleich er sich solche verbetten habe" §. 23.

Wie das badische unrechtfertige Schirmspflicht- Observanz- und Urtelswidrige Zudringliche, selbst zum offenbaren Nachtheile der geistlichen Gerichtbarkeitsansprüche angemaßte Verfahren jen-

*) Unstatthaftigkeit §. 24.

seitigem Verfasser in seinen Dunstkram diene, ist gar nicht abzusehen. Indessen waren erweislicher Dinge, zur Zeit jener anmaßlichen badischen Klostervisitation, der verderblichen badischen Arreste (§. 11) ungeachtet, von der ersprießlichen Verwaltung des Abtes Anselm damal, und zwar unmittelbar vor der Aerndte, vorräthig bey 2000 Viertel Früchte, über 80 Fuder Wein zu Schwarzach, und über 66 im Elsaß, es waren vorhanden bey 50000 fl. ausgelehnter Kapitalien und sonstige Aktivschulden rc. an nöthigem Hausgeräthe rc. war ohnehin kein Mangel. Wo ist aber alles dieses hingekommen? Der erfahrene Klosterverderber P. Beda Dilg hat nicht nur alles Obgenannte, sondern auch noch die ihm von den badischen Arresten restituirten 14000 fl., unter den Augen der fürstl. badischen und erzbischöfl. maynzischen Kommissarien so unsinnig durchgebracht, daß nun Keller und Speicher rein geleeret, das Kloster von dem nöthigsten Hausgeräthe entblöset, alle Kapitalien deren er habhaft werden können, eingetrieben und verschleudert, und oben darauf durch ihn über 30000 fl. Schulden auf das Kloster kontrahiret worden sind. Und doch scheuet man sich nicht, diesem dummen Projecktanten, diesem unseligen Verheerer das Wort zu reden und den guten Abt Anselin für einen Verschwender auszuschreyen. Indulget corvis, vexat censura columbas.

Jenseits scheint man, dem fürstl. badischen Hofe zu gefallen, wider die ausdrückliche Vorschrift des tridentinischen Kirchenraths und wider die bekanntesten gemeinen Rechte, noch sehr geneigt aufzunehmen, daß ein bloßer Schutzherr *) sich nicht nur gewaltthätiger Weise einer Klostervisitation **) angemasset, sondern auch einen konfirmirten und investirten unmittelbaren Abt ungehöret und unverthädiget seiner Administration interim reichsgesetzwidrig spoliiret und solche einem gelübdbrüchigen Empörer übertragen. Wie getrauet man sich aber, die elende Unwarheit zu erweisen, daß eben dieser gelübdbrüchige Empörer P. Beda Dilg, sich diese Administration verbethen habe. Die Spiegelfechterey, so hiebey getrieben worden, ist zu auffallend, um nur ein Kind zu täuschen. Den 23. Junii 1774 ist P. Beda mit einem seiner Anhänger nach Karlsruhe verreiset, um, wie es hieß, gegen das Vorhaben, ihm die Administration zu übertragen, Vorstellungen zu machen, und sich dieselbe zu verbethen. Wie reimet sich aber dieser Scheinschritt mit einem schon 14 Tage vorher, nämlich den 8. Jun. 1774. von P. Beda an des Hr. Markgrafen Durchlaucht erlassenen Bericht, worinn es ganz deutlich also heißt:

„ Demnach Euer rc. den Befehl mir gnädigst ertheilet haben, einen Bericht über die Haus„ haltung unsers Gotteshauses unterthänigst abzulegen; so kan in Gemäßheit des mir gnädigst „ aufgetragenen Administrationsgeschäfts diesem Befehl gehorsamst nachzuleben, um da weni„ ger entstehen“ rc.

Schon vor dem 8. Junii 1774 hatte P. Beda seinen Prälaten durch badische Beyhilfe, der Administration spoliiret; nun kan ein jeder urthälen, ob er 14 Tage darauf nach Karlsrube gereiset sey, sich dieselbe zu verbethen, oder recht zu versichern. Dem sey aber wie ihm wolle, so konnte P. Beda in keinem Falle, ohne Wissen und Willen seiner rechtmäßigen Obern, sich dieser Administration unterziehen, ohne gelübdbrüchig, ohne ein Verbrecher zu werden. Allein nach den

*) „ So bald man den Kirchenschutz, als ein von der Superioritate territoriali unabhängiges besonderes Recht consideriret, so ist er heut zu Tag nicht viel mehr, als ein bloßer Ehrentitel, und „ öfters auch nur eine Gelegenheit, weiter um sich zu greifen, als sich de jure gebühret“ (Hr. von Kreitmayer Anmerk. über den *Codic. maximil. Bavar.* I. Th. 7. Kap. §. 42, *num.* 2).

**) Daß man fürstl. badischer Seits sich angemaßt, eine förmliche Visitation zu Schwarzach eigenmächtig zu halten, ist von Baden eingestanden (Unstatthaftigkeit §. 57.) und von Maynz keineswegs gemisbilliget. Da doch das Concil. trident. Sess. 24. de reform. cap. 3. in fine solches nicht einmal den Kirchenpatronen, der Regel nach, gestattet. (S. von Kreitmayer a. a. O. 5. Th. 19. Kap. §. 43, *num.* 2. *pag.* 1485. *seq.*)

dem Regeln der jenseitigen Unpartheylichkeit hat er ganz wohl und recht gethan; weil dadurch der nichtige der kaßirte erzbischöfl. Vikariatsentschied von 1760 abermal einen Grad unjustifizirlicher Wirkung mehr erhielt. S. hievor (§. 14).

§. 17.

„ Wogegen der Abt Anselm am k. K. G. im J. 1775 ein Mandat *de restituendo* „ *Abbatem &c* erwirket habe, zu einer Zeit, da die badische Streitsache, durch die Rück„ kehre beyder Religiosen geendiget gewesen sey". §. 24, 25.

Dieses erkannte Mandat hatte nicht die alte abgethane bedaische Streitsache, sondern das am Prälaten so unverantwortlich verübte Spolium allein zum Gegenstande. Wie kommen nun diese ganz fremden und disparaten Sachen hier zusammen? Wenn aber, gestandener maßen, die alte bedaische Streitsache bereits vor dem J 1774 geendiget gewesen; mit welchem Fuge konnte sie von den erzbischöfl. Kommissarien wieder gerüttelt, und gar ein Gegenstand der neuen erzbischöfl. Vikariatsurtel von 1781 werden *)? Et testimonium eorum non erat conveniens.

§. 18.

„ Wobey es nur darauf angekommen sey, ob der Hr. Markgraf berechtiget gewesen, „ sich die klösterl. Rechnungen vorlegen zu lassen, und *provisorie* für die Temporalverwal„ tung zu sorgen. Obgleich das Ordinariat zu Strasburg keine Ursache gehabt habe, „ sich in diesen Rechtsstreit zu mischen, zumal dem Hause Baden gegen das Mandat seine „ Rechtsmittel bevorgestanden; so habe dieser Vorfall doch eine neue Verfolgung wider „ die P. P. Beda und Paul veranlasset; in dem ersterem verarget worden sey, daß er von „ dem größten Theile des Konvents als Administrator, vorgeschlagen worden, und die „ Administration angenommen habe" §. 26.

Es ist ganz bodenlos, daß es bey Erkennung des Mandats von 1775 auf das badische Recht der Rechnungsabhöre nur im mindesten angekommen. Dieser Punkt konnte damal um so weniger einen Einfluß in die Erkennung des Mandates haben, als derselbe durch die kammergerichtlichen Dekrete vom 28. Jun. und 1. Jul. 1774 bereits provisorie völlig abgethan war. Es kam vielmehr allein darauf an, ob die Inkompetenten fürstl. badischen Kommissarien, da sie einen konfirmirten und investirten unmittelbaren Abt, ungehöret und unvertheidiget tumultuarisch von der Verwaltung seiner Abtey herunter gestürzt, nicht ein unjustifizirliches, aufgelegtes Spolium begangen hatten **). Die Befugnis des strasburgischen Ordinariats, seine Rechte in dieser Sache gegen die badischen Eingriffe zu wahren, ist in dessen Vorstellungsschrift so hinlänglich dargethan worden, daß alle nachherige badische Vorspieglungen und ungegründete Mandatsgesuche gegen das Bisthum Strasburg gerechtest sind abgewiesen worden.

Wie seltsam hangen die maynzischen Sätze zusammen! In jenseitigem Promem. §. 63. wird behauptet, die in der häuslichen Wirthschaft bestehende Verwaltung der Temporalien sey ein wahrer Gegenstand der geistlichen Disziplinargewalt; und §. 65 bezieht man sich auf die strasburgischen Ordinariatsbefugnisse, die Aebte zu Schwarzach; puncto dilapidationis, zu richten und zu entsetzen; man zieht sogar die desfallsigen Vorfälle von 1572, 1643 und 1761 an, um eine vermeynte ausschließliche Metropolitangerichtbarkeit über die klösterl. Temporalien und deren Verwaltung zu begründen. So bald sich aber eine fürstl. badische Kommißion anmasset, einen Abt zu Schwarzach, wegen angeblicher Verschwendung, spoliative zu entsetzen; und über die Ver-

G 2

*) Unstatthaftigkeit §. 23, 40, und Beyl. Num. XXX. zu jenseitigem Rekurspromemoria.

**) Unstatthaftigkeit §. 48.

Verwaltung der häuslichen Wirthschaft, nach faktischer Willkühr zu disponiren: so höret diese Verwaltung, dem badischen Unfuge zu gefallen, augenblicklich auf, ein Gegenstand der geistlichen Disziplinargewalt zu seyn; so gehöret die Entsetzung eines Abtes ex capite dilapidationis nicht mehr zu den wahren Ordinariatsbefugnissen. Denn so bald das Ordinariat zu Strasburg sich gegen die badischen Anmassungen und Zudringlichkeiten in dem Wege Rechtes setzet: so erthönet sogleich die erzbischöfl. Vikariatszensur von Amtswegen in das ganze Reich: „Das Bistum Strasburg „ habe keine Ursachen, sich in einen solchen auf besondere Zuständigkeiten hinauslaufenden „ Streit zu mischen". Dieses ist doch wohl, was man mit Grunde eine wahre Inkonsequenz, einen förmlichen Misstand nennen muß.

Jenseitiger Schriftsteller würde der fürstl. Regierung zu Karlsruhe einen sehr wichtigen Dienst geleistet haben, wenn er sie hätte belehren wollen, was dann für erkleckliche Rechtsmittel gegen das enorme Spolium, wovon hier die Frage ist, dem fürstl. Hause Baden bevorgestanden. Thue er doch wenigstens dem Publikum den Gefallen, diese Mittel noch zu entdecken.

Was sind aber das für Verfolgungen, welche den P. P. Beda und Paul diesen untadelhaften, diesen unstreitig würdigsten Empörungsstiftern sind zugezogen worden? Sollen sie vielleicht darin bestehen, daß das Bistum Strasburg den empörten, den vorgeblich grösseren Theil des Konventes mit den widerspenstigen Rädelsführern, nach einem späteren abentheuerlichen Beyspiele, nicht dafür belobet und belohnet hat, daß sie das beschworene Gelübd des Gehorsams meineidig unter die Füße getretten, ihre rechtmäßigen Obern verspottet und unterdrucket, das Joch der Disziplin und aller Pflichten abgeschüttelt, die Klausur verachtet, der zügellosen Freyheit willkührlich nachgehangen und selbst dem bischöflichen Ansehen mit der verwegensten Frechheit ins Angesicht getrotzet? Wenn einem solchen Unwesen kirchensatzungsmäßig Einhalt thun, verfolgen heißt: so sind freylich die unschuldigen Meuteniret übel, jedoch allen lüderlichen Mönchen zum Troste und zu ermunternden Beyspiele, ohne Wirkung verfolget worden.

Wie unschuldig P. Beda bey Annahme der heiß gesuchten Administration und froher Theilnahme an dem Spolium gehandelt habe, ist hievor §. 16 am Ende schon gesagt worden.

§. 19.

„ Die bischöfl. strasburgische Kommissarien und der Hr. Kardinal selbst seyen in der „ Absicht nach Schwarzach gekommen, die P. P Paul und Beda anzuhalten und in auswärtige Klöster zu verbringen; dieser Zweck seye fehl geschlagen, weil P. Beda zum „ Eintritte in die Klausur einen *Salvum conductum* verlanget und mit seinen Gefährten die „ bischöfl. Räthe perhoresziret habe. Diese Perhorreszenz habe sich auf die Partheylichkeit der bischöfl. Räthe auf die wider die Sicherheit verschiedener Religiosen gemachten „ Anstalten und auf Nachrichten von der abgezweckten Hinwegschaffung des P. Beda „ gegründet. Dessen ungeachtet habe das Ordinariat dem P. Beda die Niederlegung „ der Administration sammt der Ruckkehre in die Klausur anbefohlen, und denselben so „ wie 7 seiner Anhänger mit Zensuren und Strafen beleget §. 27, 28, 29, 30."

Die hier vorgetragenen Unwahrheiten sind dem unreinen bedaischen Munde getreulich abgeborget; das bischöflich strasburgische Ordinariat, hat dieselbe schon in dem im J. 1776 nach Maynz geschickten Berichte und besonders in der zugleich übermachten Refutatione deductionis gravaminum überlaut widersprochen. Wie konnte man aber zu Maynz den unbescheinigten bodenlosen Vorspieglungen einiger empörten Mönche eher Glauben beymessen, als den gewissenhaften Zusicherungen eines hohen Ordinariats, an dessen Spitze des Hr. Kardinals Fürst-Bischofen zu Strasburg hochfürstl. Eminenz in eigener Person stunden?

Man

Man muß dann abermal wiederholen, daß es eine schändlich-badische Erdichtung sey, daß der Hr. Kardinal mit seinen Räthen nach Schwarzach gekommen, die P. P. Paul und Beda anzuhalten. Die reine Absicht war, dem offentlichen Aergernisse Einhalt zu thun, Ruhe und Ordnung herzustellen, und die Schuldigen nach Befund, und nach Ausweis der Gesetze, zurecht zu weisen, und zwar alles dieses auf eigene Kösten zu bewerkstelligen, nicht aber die Abtey Jahr und Tag aufzuzehren und dieselbe mittelst verbothener Erpressung ungeheurer Diäten von 11000 und mehrer Gulden noch tiefer ins Verderben zu stürzen. Ein nicht gehabter Zweck konnte daher durch die sträfliche, dem Hrn. Kardinal, unter dem Beystande eines bewaffneten Schwarmes aufgebothener Bauern, ins Angesicht bezeigte Widerspenstigkeit des P. Beda nicht vereitelt werden. Den von einem Mönche so tollsinnig verlangten Salvum conductum, um sich in die Klausur zu begeben, haben des Hrn. Kardinals hochfürstl. Eminenz dem Empörer P. Beda nicht nur durch höchst eigene mündliche Zusicherung, daß er für seine Person gar nichts zu förchten habe, sondern auch durch den bischöfl. Promotor, in Gegenwart der badis. Kommissarien, mehrmalen wiederholt gegeben. Dannoch weigerte sich der Halsstarrige, sich in die Klausur zu begeben. Eben so hat sich der Empörer bis auf diese Stunde geweigert, dem erzbischöfl. Dekrete vom 22. März 1781, welches ihm ebenmäßig auferlegt, in die Klausur zurück zu kehren *), nur einen Augenblick Folge zu leisten, ohne einmal den Vorwand eines verweigerten Salvi conductus nöthig zu haben; weil er auf die der Empörung gewidmete Nachsicht sich sicher verlassen darf.

Lit. Z. Auf die anmaßliche Perhorreszenz konnte der Hr. Kardinal um deswillen keine Rücksicht nehmen, theils weil solche statutenwidrig turmatim und collusorie vorgetragen ward, auch die Verschworenen sich weigerten, dem Befehle des Hrn. Kardinals, daß ein Jeder nach Vorschrift der Statuten und dem Visitationsherkommen, besonders erscheinen, seine Beschwerden anbringen, und Rede und Antwort geben solle (*Lit. Z.*), gehorsamlich nachzukommen: theils weil die Kirchensatzungen dergleichen Perhorreszenz in Visitationen nicht zulassen **). Selbst zu Maynz hat man so wenig Rechnung auf diese frivole Perhorreszenz gemacht, daß man nicht für rathsam gefunden, den Rebellen durch Abnahme des juramenti perhorrescentiae, Anlaß zum offenbaren Meineide zu geben.

*) Beyl. XXXII. Decr. 4. zu jenseitigem Rekurspromemoria.

**) *Concil. trident. Sess. 7, de reform. cap. 8.* Welche Stelle die Congregatio Cardinalium S. Concilii trident. Interpretum den 7. März 1596 und 25. May 1607 dahin erläutert, daß eine Visitation durch eingelegte Rekusation oder Perhorreszenz nicht gehemmet und unterbrochen werden könne, noch solle. Da ohnehin nicht der Fürst Bischof, sondern alle dessen Räthe vermeyntlich rekusiret worden; so ist gar nicht begreiflich, was eine solche Rekusation hat wirken sollen (SCHMIDT *Institut. jur. ecclesiast.* tom. 2, §. 171). Zumalen der einzige Zweck dieser unförmlichen vermeynten Perhorreszenz offenbar darinn bestund, der bischöfl. Visitation Hindernisse in den Weg zu legen und dieselbe zu vereiteln: nun wird ja in dem erzbischöfl. Rekurspromemoria §. 35 selbst offenherzig eingeraumet, daß einer bischöfl. Klostervisitation niemal eine gegründete Hinderniß in den Weg gelegt werden könne. Reime dieses Zeug miteinander, wer da kann.

Die bischöfliche Sentenz vom 16. Sept. 1775 (Unstatthaftigkeit ꝛc. Beyl. Num. 19.) bewähret, daß damalige Visitation sich lediglich auf bloße, wahre Disziplinargegenstände und die alleinige correctionem morum beschränket habe. Nun sagen die Kirchensatzungen ganz deutlich, daß in dergleichen Fällen keine Appellation Statt habe. „Noveritis ad audientiam nostram pervenisse, quod si quando subditos tuos vis pro suis excessibus secundum regulam B. Benedicti et „institutionem tui ordinis corrigere et castigare, ipsi ut malitiam suam liberius valeant exercere, „ad remedium appellationis confugiunt. Quia vero remedium appellationis non ideo est inventum, „ut alicui a religionis et ordinis observantia exorbitanti debeat in sua nequitia patrocinium exhi„bere: mandamus quatenus, siquando quilibet subditorum morum ad remedium appellationis convola-

Der Hauptgrund dieser Perhorreszenz sollte darinn bestehen, daß die bischöfl. Räthe in der alten im J. 1770. zu Rom endlich entschiedenen, und sonst völlig abgethanen Streitsache (hier vor §. 17.) die P. P. Paul und Beda graviret hätten, und deshalben parteylich seyen. Wenn auch dieser erdichtete, und auf die neuen Empörungsvorgänge ohnehin nicht anwendbare Grund Stich hielte, so konnte er doch offenbar nur von den P. P. Paul und Beda allein angeführet werden. Was hatten dann die anderen Religiosen, ihre nunmehrigen verführten Anhänger, für Perhorreszenz Ursachen anzuführen? Wie konnten diese für ihre Personen aus jener sie nichts angehenden Ursache sich zum Perhorreszenz Eide, oder Meineide anbiethen? Ist die Wirkung der friedensstöerischen Kollusion, der boshaften Vergatterung und Verschwörung nicht handgreiflich? Die wider die Sicherheit verschiedener Religiosen gemachten Anstalten und die falschen Nachrichten von der abgezweckten Hinwegschaffung des P. Beda sind eben so unschicklich erdichtet, als die angebliche Partheylichkeit der bischöfl. Räthe.

Hätte der Abt Anselm die erzbischöfl. Kommissarien im J. 1778 und 1779 rekusiret, wie er dann die wichtigsten Ursachen dazu hatte: (S. unten §. 22) so wäre es freylich ein strafmäßiges Beginnen gewesen; da aber die Meuteniret ein ganzes bischöfl. Konsistorium aus blos erdichteten Ursachen vermeintlich rekusiren: So muß es nothwendig eine gerechte, kluge, rühmliche Handlung seyn.

Da vermög der Visitationsakten die widerspenstige Rotte der gröbsten Erzessen ist überzeuget worden: so waren die in der bischöfl. Sentenz auferlegten medizinalischen Strafen den Kirchensatzungen, so wie den vielfältigen Verbrechen, pünktlich angemessen.

§. 20.

„Metropolitischer Seits hätte man der Appellation ohne Anstand deferiren können. „Zumal die von Strasburg abgefoderte Information den Grund des Berufs bestärket „habe. Allein aus Mäßigung gegen den Hr. Kardinal seyen keine Appellationsprozesse „erkannt worden. Höchstdemselben hätten ihre kurfürstl. Gnaden die Vornahme einer „erzbischöfl. Visitation zu Schwarzach vorgeschlagen. Auch habe der Hr. Kardinal Sr. „kurfürstl. Gnaden alle für diesen Fall habende Ordinariatsbefugnisse überlassen, wo„durch alle Rechte des Ordinariats mit der erzbischöfl. Gerichtbarkeit seyen konsolidiret „worden. Auch die *personae visitandae* hätten sich willig unterworfen. Wodurch die „Metropolitanjurisdiktion noch sey prorogiret worden". §. 32, 33, 34, 35, 36.

Da die widerspenstigen Appellanten nicht nur wegen aktenmäßig erwiesener vielfältiger Disziplinsvergehungen, sondern auch besonders *ob formalem inobedientiam*, in contumaciam waren verurtheilet worden: so hätten sie nach Vorschrift der geistl. Rechte und insonderheit des tridentinischen Kirchenraths (Sess. 13, cap. 1, de reform.) mit ihrer unstatthaften Berufung auf der Stelle ab-

„volaverit, non ideo minus eum juxta tenorem mandati, quod in praedicta regula continetur, „et institutionem ordinis corrigas et castiges" (ALEXANDER III. *Abbati S. Petri, in cap. 3. X, de appellat.* Conf. *Concil. trident. Sess. 13, cap. 1, de reform.*).

Es ist aber bekannten Rechtens, daß, wo keine Berufung zugelassen, auch keine Rekusation, oder Perhorreszenz, Platz greifen könne. „In causis quoque ecclesiasticis, ubi appellationis re„medium tollitur; sicut appellationi, ita recusationi non est aliquatenus deferendum" (*Cap. 11, X, de appellat.* Conf. *ibid. cap. 43*).

So lange daher Gesetze noch etwas gelten, so lange wird es unumstößlich wahr bleiben, daß der Hr. Ordinarius auf die nur „ad evitandas poenas et ad subterfugiendum Episcopi judicium," (*Concil. tridem. Sess. 13, cap. 1, de reformat.*) eingelegte boshafte Perhorreszenz unmöglich Rucksicht nehmen konnte.

ab, und zu dem geschwornen Gehorsame gewiesen werden sollen; zumalen der von Strasburg erstattete beurkundete Bericht, und die demselben beygefügte Refutatio deductionis gravaminum den elenden Grund der Berufung unwiederbringlich zerstäubet hatten. Wäre man jenseits von dieser Wahrheit nicht vollkommen überführet, so würde man gewiß nicht ermangelt haben, gedachte Bericht und Refutation triumphirend dem Publikum vorzulegen.

Endlich will man gar als eine besondere Mäßigung herausstreichen, daß, nachdem man selbst die Unmöglichkeit gefühlet, die Appellationsprozesse zu erkennen, man, an Statt die Empörer zu ihren Gelübden und Pflichten zurück zu weisen, viele Jahre hindurch die von ihnen angezettelten gräslichen Unordnungen zu Schwarzach ruhig fortsetzen, das offentliche Aergerniß sich anhäufen, die Unterdrückung der Oberen unthätig vollbringen lassen, und die der höchsten Person des Hrn. Kardinals angethanen respektswidrigen, unerhörten Beleidigungen nicht nur ungestraft belassen, sondern am Ende gar gebilliget hat; indem das erzbischöfl. Vikariat, durch die kammergerichtlichen Sentenzen vom 24. Nov. 23. Dec. 1780 und 17. Jän. 1781 *) aufgebracht, den 22 März 1782 die jenseitigem Promemoria unter der Ziffer XXX. anliegende Urtel, aus besonderer Mäßigung für des Hrn. Kardinals hochfürstl. Eminenz unter Anleitung der badischen Druckschrift, der Landesfürst ꝛc. et invocato, stylo gratiae, Dei nomine, dahin abgeschnellet hat, daß die niemal erkannten Appellationsprozesse für ganz wohl nachgesucht und das gesetzmäßige bischöfl. strasburgische Verfahren für null und nichtig zu erklären seyen.

In der Unstatthaftigkeit §. 40. ist die ungeheure Unförmlichkeit, daß in dieser Urtel das Rubrum der alten badischen Streitsache, welche doch, nach jenseitigem abermal wiederholten Geständnisse (hievor §. 17), längstens geendiget war, absichtsvoll hervorgesucht und dieselbe gegen alle und jede Aebte der Strasburger Kongregation und besonders gegen den Abt zu Schwarzach nichtiglich ausgesprochen worden, bereits schon angemärket. Man fragt abermal: Wie werden dann diese Aebte hier so widersinnig mit Haaren ins Spiel gezogen? Die einzige Frage in dieser Berufungssache war ja nur diese: Ob die empörten schwarzacher Religiosen, diese kundbaren badischen Werkzeuge und Mitgehilfe des am Abte Anselm ausgeübten Spoliums, recht- oder unrechtmäßig vom Hr. Ordinarius gestraft worden. Denn diese Strafen allein sind der ganze Gegenstand der bischöfl. Urtel vom 16. Sept. 1775, von welcher nach Maynz appelliret worden. Die Metropolitanurtel hätte also gegen den aus eigener Bewegung visitirenden Hr. Ordinarius allein ergehen müssen, wenn in dieser bloßen Visitations- und Disziplinssache eine Berufung gegen Ihn Statt gehabt hätte (§. 19, Not. **).

Auf eben gemeldten Appellationsgegenstand allein beschränkte sich der an Se. erzbischöfl. Gnaden von des Hrn. Kardinals von Rohan hochfürstl. Eminenz geschehene Uebertrag der Ordinariatsbefugnisse, und Höchstdessen Einwilligung in die vorgeschlagene erzbischöfl. Visitation zu Schwarzach a); wie solches in der Unstatthaftigkeit §. 32, 35 bereits dargethan worden, und in

*) Unstatthaftigkeit Beyl. Num. 25—27.

a) Unangemärkt kann man auch hier nicht lassen, daß die erzbischöflichen Kommissarien die so heiß und so lang gewünschte Realisirung ihrer Begierden nach der in ihren Augen so fetten schwarzacher Kommißion allein dem Abte Anselm zu verdanken hatten. Denn nur aus Antriebe seines guten Gewissens, nur aus Ueberzeugung von der offenbaren Gerechtigkeit seiner Sache, und nur in der Absicht, mit der zuversichtlichen Unschuld des Redlichen, seinen Verläumdern vor allen selbst gewählten Richterstühlen unter die Augen zu tretten, hat er durch sein flehentliches Bitten die lang verweigerte Einwilligung des Hrn. Kardinals in die vorgeschlagene erzbischöfl. Visitation endlich ausgewirket. Allein seine Unschuld ward am Ende gegen 10000 fl. verweigerter Diäten, und gegen den über die kammergerichtlichen Urtheile geschöpften schweren Unwil-

jenseitigem Promemoria §. 34. selbst eingestanden wird, daß seine Eminenz nur die NB. für diesen Fall, d. i. für den wirklich obwaltenden Appellationsgegenstand, habenden Ordinariatszuständigkeiten an den Herrn Metropolitan übertragen haben; oder, wie sich das bischöfl. unter den Beylagen zu jenseitigem Promemoria Num. XXII. befindliche Schreiben vom 14. Oct. 1777. ausdrückt: pour .... tous les articles relatifs NB. *aux objets actuels de discussion.* Diese objets actuels de discussion, oder die damaligen Erörterungsgegenstände, waren aber offenbar einzig und allein die seit dem J. 1774 zu Schwarzach angezettelten und in der bischöfl. Sentenz vom 16. Sept. 1775 geahndeten Unordnungen. Diese allein waren der Gegenstand der an das erzbischöfl. Vikariat nach Maynz eingelegten unförmlichen Berufung. Diese allein waren der Gegenstand, mit welchem den erzbischöflichen Kommissarien, während ihrer Visitation, sich zu beschäftigen erlaubet war.

Die Kasimirische Verschwörung, oder prätendentische Sache des P. Beda, war längstens erörtert (hievor §. 2.) Der unglückliche Fall des P. Isidors war schon vor vielen Jahren untersuchet und bestrafet (§. 4.). Die alte Verschickungs- und Streitsache der P. P. Paul und Beda war, nach jenseitigem wiederholten Geständnisse vollkommen abgethan, geendiget, und mit den neuen Unordnungen in keiner Verbindung (Unstatthaftigkeit §. 22, 31, 40, und hievor §. 17.). Die Verwaltung des Abts Anselm war schon im J. 1773 untersuchet und gebilliget worden (hievor §. 13). Von allen diesen und vielen anderen vor dem J. 1774 sich ergebenen Ereugnissen ist niemal eine Berufung nach Maynz eingelegt worden; sie gehörten sämmtlich nicht zu *NB.* diesem Falle, zu den *objets actuels de discussion.* Es kann daher unmöglich im Ernste behauptet werden, daß der höchstseel. Herr Kardinal nur von weitem daran gedacht habe, in eine erzbischöfl. Untersuchung dergleichen alter abgethaner Dinge, qui n'etoient nullement relatifs aux objets actuels de discussion, einzuwilligen.

Wie getrauen sich dann die erzbischöfl. Kommissarien den vollkommenen Abgang der zu Untersuchung der alten den Appellationsgegenstand völlig überschreitenden Händel nothwendigen Gerichtbarkeit zu rechtfertigen? Wie getrauen sie es vor Gott und der ehrbaren Welt zu verantworten, daß sie das von dem höchstseel. Hrn. Kardinal gegen seinen Metropolitan geäusserte Zutrauen, und dessen nur auf den Appellationsgegenstand sich beschränkende Einwilligung so ungebunden misbraucht, das objectum appellationis schier überall bey Seite gesetzt, und den guten Abt Anselm, aller seiner Protestationen, Weigerungen und Reservationen ungeachtet, kraft des abgedrungenen Eides, und *NB.* unter ernstlicher Androhung kanonischer Zwangsmittel, genöthiget haben, auf inkompetenter gerüttelte, alte, längstens abgethane Sachen, sich unbefragt brevi manu einzulassen?

Aus allem diesem kann nun ein jeder mit Händen greifen, in wie weit die Rechte des Ordinariats mit der erzbischöfl. blossen Appellationsgerichtbarkeit konsolidiret worden.

Was die angebliche freywillige oder erzwungene Prorogation der metropolitischen Gerichtbarkeit von Seiten der personarum visitandarum betrifft, wird es genug seyn, den bekannten Rechtssatz hier in Erinnerung zu bringen, daß eine prorogatio fori, ohne Bewilligung dessen, dem die Erkänntniß gebühret, zu dessen Nachtheile, giltiger Weise, nicht geschehen könne (Unstatthaftigk. §. 35). Da ohnehin ausgemacht ist, daß die Unterwerfung der personarum visitandarum (wenn sie auch weder dem Zwange, noch der Furcht, noch dem Irrthume zugeschrieben werden müßte) eben-

---

len auf die Wagschaale gelegt und natürlicher Weise viel zu leicht befunden; damit das Sprüchwort wahr bliebe:

Multiplicantur Semper Noxae.

ebenmäßig nur von dem untergebenen Falle oder von dem objecto appellationis verstanden, und durch dieselbe der kammergerichtl. Rechtshängigkeit eben so wenig als den reichsoberhauptlichen Befugnissen präjudiziret werden konnte.

§. 21.

„ Die badischen kastenvogteyl. Rechte wegen der Rechnungsvorlage und der Wirth-
„ schaft des Klosters habe das k. K. Gericht seit dem J. 1775 entscheiden sollen und kön-
„ nen. Der Hr. Markgraf hätten alle diese Rechte währender Visitation unausgeübet
„ gelassen, und solche in die erzbischöfl. Hände niedergeleget. Nach eröffneter Visitation
„ hätte die Mandatssache zwischen Baden und dem Abte ruhen können; weil durch die
„ Visitation sich habe ergeben müssen, ob die äbtische Haushaltung eine Reform verdie-
„ ne oder nicht“ §. 37.

Hievor (§. 18.) ist schon gezeigt worden, daß der übel ersonnene Vorwand des schon im J. 1774 provisorie entschiedenen Rechnungspunkts keinen Einfluß in die Erkennung des Mandats von 1775 haben konnte. Eben so wenig konnten die vermeynten, die in den Schirmbriefen von 1422 und 1473 *), so wie in der Observanz ganz unerfindlichen anmaßlichen badischen Rechte über die Wirthschaft des Klosters damals in Betrachtung kommen. Gestalten diese Anmaßungen seit dem J. J. 1572. 1573 und 1585 mit dem Hauptprozesse in Rechten befangen waren **), und dem fürstl. Hause Baden das eigenthätige Zufahren schon längsten oberstrichterlich untersaget war ***); weshalben diesem in keinem Falle gebührete, in seiner eigenen rechtshängigen Sache, sich provisorie eigenmächtig als Richter und Parthie darzustellen.

Von allem diesem war aber in der Mandatssache eben so wenig die Frage, als ob die äbtische Haushaltung eine Reforme verdiene, oder nicht; sondern es kam lediglich darauf an, ob ein eingeklagtes, ein erwiesenes, ein geständenes Spolium manifestum et qualificatum nach den Reichssatzungen und gemeinen Rechten könne oberstrichterlich geduldet und gebilliget werden.

Seltsam aber ist, daß, nach jenseitiger Foderung, das kaiserl. K. Gericht die Spoliensache seit dem J. 1775 habe entscheiden sollen, und in dem nämlichen Athemzuge wird behauptet, daß diese Mandatssache habe ruhen sollen. Entscheidet dieses höchste Gericht die Mandatssache nicht in flüchtiger Eile: so wirft man Ihm invocato divino nomine, vor, daß Ihm die stracke Justizpflege und das Beste des Klosters nicht angelegen seyen; entscheidet Es dieselbe erst nach 6 langen Jahren: so wird Ihm eine nie erhörte Eilfertigkeit aus patriotischem Eifer vorgeworfen ****). Die Verlegenheit dieses höchsten Gerichts, es einem jeden, nach seinem Sinne, zu machen, muß ganz unbeschreiblich seyn.

Das Anrühmen, daß die badischen vermeinten Rechte währender erzbischöfl. Visitation sind unausgeübt geblieben, ist sehr unbedeutend. Die badischen Absichten, den Abt Anselm zu unterdrücken, die innerliche Empörung im Kloster zum Ausbruche zu bringen und zu unterstützen, die Verwaltung der klösterl. Temporalien einem intrudirten Klosterfeinde unter dem Namen eines Schaffners und dem Rädelsführer der verschworenen Rotte, dem P. Beda Dilg, zur Verheerung anheim zu geben, alles in dem Kloster gewaltsam unten oben zukehren ꝛc. waren vollkommen erreicht. Die Fortdauer dieser angezettelten Unordnungen hatte man sich markgräflicher Seits von

 Sr.

*) Unstatthaftigkeit. Beyl. Num. 1, 2, 3, 4. **) Ebendaselbst §. 9—13. ***) Ebendaselbst Beyl. Num. 8.

****) Unstatthaftigkeit §. 69 und erzbischöfl. maynzisches Rekurspromem. §. 41.

Sr. erzbischöfl. Gnaden auch für die Zukunft in feyerlichem Vertrauen ausgedungen *), und wie die Folge es gezeiget, unbedingt erhalten. Was sind dann noch für badische Rechte, Anmassungen oder Gewalthaten zu fernerer Ausübung übrig geblieben?

Ehe jenseitiger Schriftsteller des nichtigen Uebertrags unerfindlicher, allenfalls längstens rechtshängiger schutzherrlicher Rechte hier erwähnet, hätte er vor allen Dingen die klösterl. Antwort darauf (Unstatthaftigkeit §. 34, 35, 62.) lesen und widerlegen sollen. Eben so hätte derselbe, an Statt die alte verstimmte Leyer von der in Ruhe zu belassenden Mandatssache, von dem Visitationsbefunde über die Schuld oder Unschuld des Prälaten, abermal unschicklich zu berühren, vordersamst die in causa mandati de restituendo abbatem &c., auf die badischen deshalben gewagten Vorspieglungen, den 31. Jäner 1780 |130| gegebene Antwort, nicht minder den dem erzbischöfl. Interventionalreskripte entgegen gesetzten mündlichen Rezeß vom 13. Nov. 1780 und Recessum scriptum loco oralis vom 15. Nov. 1780 |153| um so mehr erst widerlegen sollen, als die klösterl. Gründe, womit diese crambe male recocta schon damal zernichtet worden, allerseits mit tiefem Stillschweigen sind übergangen worden; weil nichts Standhaftes dagegen konnte eingewendet werden.

§. 22.

„ Die erzbischöfl. Visitation sey während mehr als 9 Monate mit aller *NB.* Legali- „ tät *NB.* Unpartheylichkeit und *NB.* Gründlichkeit vollführet worden. §. 38.

Diese unendliche Visitation wurde in Schwarzach selbst zum Erstaunen der ganzen Nachbarschaft, und zum märklichen Ruine der armen Abtey, keineswegs nach Vorschrift des tridentinischen Kirchenraths (*Seß. 24, cap. 3. de reformat.*) „*quam celerrime, debita tamen cum diligentia*“, nicht innerhalb 9 Monate, sondern innerhalb einem ganzen vollen Jahre vollführet; und ohne die leydige Diätenverweigerung, würde sie wahrscheinlicher Weise noch nicht geendiget seyn **).

Mit welcher unverantwortlichen Legalität nur die übertragene Gerichtbarkeit, die Einwilligung, das Zutrauen des höchstseel. Hrn. Kardinals hiebey misbrauchet worden, ist schon hievor (§. 20) gezeiget worden. Von einer Menge anderer eben so ungeheueren Illegalitäten und unheilbaren Nullitäten zeugen gegenwärtige Anmärkungen auf allen Blättern, und besonders auch die Unstatthaftigkeit §. 22, 23, 31, 32, 33, 39, 40, 41.

Zur Erläuterung der jenseits gerühmten kommissarischen Unpartheylichkeit, will man nur einige bekannt gewordene Vorfälle anführen, in der vollen Zuversicht, daß solche nicht werden in Abrede gestellet werden; nöthigen Falls ist man zu deren weitschichtigen Beweis erbiethig.

a) Aus der eigenen Beyl. Num. XXI. zu jenseitigem Promem. ist ersichtlich, daß Se. erzbischöfl. Gnaden dem höchstseel. Hrn. Kardinal von Rohan heimgegeben, die von Ihm zensurirten Rebellen selbst zu absolviren, ad solum effectum standi in judicio; und daß der Hr. Ordinarius diese Lossprechung *ad solum effectum standi in judicio* dem Herrn Metropolitan überlassen habe, in der festen Zuversicht, daß diese Lossprechung nicht einmal provisorisch seyn werde. Allein kaum waren die erzbischöfl. Kommissarien zu Schwarzach angelangt, so war ihre erste Handlung, die Empörer, nicht ad effectum standi in judicio, sondern Kirchensatzungswidrig, ohne vorgängige Kenntniß der Sache, aller dagegen gemachten Vorstellungen ungeachtet, brevi manu vollkommen ple-

---

*) Beyl. Num. XXIV zum maynzischen Promem. Was in dieser Anlage aus der badischen Druckschrift der Landesfürst rc. und den angeblichen Vorfällen von 1476 und ~~1479 angeführet wird~~, darüber bittet man, die in der klösterl. zu Bruchsal im J. 1780 herausgekommenen Druckschrift: Gerettete Wahrheit rc. §. 110—114 enthaltene Antwort nachzusehen.

**) Unstatthaftigk. §. 33.

plenarie und für allezeit haftig zu absolviren. Nach dieser legalen und unpartheylichen Handlung foderten sie dem Abte Anselm, quasi re bene gesta, einen namhaften Vorschuß an Diäten, und eilten zurück nach Maynz.

b) Zur nämlichen Zeit hatten der Abt und sämmtliches Kapitel den erzbischöfl. Kommissarien eine schriftliche Vorstellung ad protocollum gegeben, darinn sie, unter anderen, nach Anleitung der bekantesten Gesetze, bathen, daß in Ansehung der bedaischen Administrationsusurpation und des am Abte verübten kundbaren Spolii, alles in den vorigen Stand gestellet werde; somit der P. Beda, bis zum Austrage der Sache, in die Klausur, zum gelübdmäßigen Gehorsame, zu seinen Pflichten verwiesen, die innere Ordnung hergestellet, und dem Abte die entrissene Verwaltung zurück gegeben werde; quia Spoliatus ante omnia restituendus, et ante factam restitutionem respondere nullatenus tenetur; so dann gegen allen Gebrauch der vom klösterl. Schutzherrn an den Herrn Metropolitan übertragenen vermeynten kastenvogteylichen Rechte feyerlichst protestirten; auch über diese Vorstellung und Protestation sich extractum protocolli ausbathen. Diese schriftliche Vorstellung ward den 6. May und ferner vom Abte den 7. Aug. 1778. ad protocollum dringend wiederholet, auch beyde male die Restitution des vom P. Beda entwendeten und dem Abte zu seiner Defension unentbehrlichen Kapitelsprotokolles begehret *). So billig, so gerecht auch diese und viele andere dergleichen Bitten waren, so wurden sie dannoch, weil sie mit der geheimen Uebereinkunft: alle vorhandene Unordnungen *pro praeterito et futuro* in ihrem Wesen zu lassen (hievor §. 21), nicht vereinbarlich waren, mit der größten Legalität und handgreiflicher Unpartheylichkeit jedesmal abgeschlagen, auch der Abt mit seinem Restitutionsgesuche trocken an das kayserl. u. R. Kammergericht (höchst welches dannoch, nach dem jenseitigem Vorgeben, die Spoliensache hatte ruhen lassen sollen) verwiesen. So gar wurden ihm die verlangten Extractus protocolli commissionis in der unparteyischen Absicht, ihn um alle Beweismittel zu bringen, jedesmal verweigert.

c) So unparteyisch abgeneigt die Herren Kommissarien gegen alle gerechteste Bitten des Abtes und Kapitels sich bezeigten: so eifrig besorgt waren sie, den Wünschen der Empörer entgegen zu gehen. Diese, nicht zufrieden, eine illegale vollkommene Lossprechung von den Zensuren erhalten zu haben, wünschen auch die curam animarum sich anvertraut zusehen, um sich dem Volke in den Beicht- und Predigtstühlen wieder zeigen zu können, und wenden sich deshalben an die erzbischöfl. Kommißion; diese findet nichts auf der Welt billiger, als daß einer Rotte widerspenstiger Religiosen, die allbereit 4 ganze Jahre das öffentliche Aergerniß des Bistumes waren, die öffentliche Seelsorge geschwind ertheilet werde. Zu diesem Ende dringt sie in den Abt, daß er selbst die curam animarum

für

*) Durch das Kapitelsprotokoll allein konnte der Abt eine Menge ihm zu Last gelegter Handlungen rechtfertigen; besonders wenn es darauf ankam, ob er wichtige Handlungen in disciplinaribus oder temporalibus z. B. Verwendung märklicher Geldsummen, unternommene Gebäude, Aufnahme der Kapitalien, gerichtliche Verfechtung der Rechte, Verpfändungen, Veräusserungen 2c. für sich allein, oder nach Vorschrift der Statuten, mit Genehmigung seines Kapitels, behandelt habe. Da nun die erzbischöfl. Kommissarien entschlossen waren, auf das ganze Leben des Abtes anmaßlich zu inquiriren, folgsam er auf alte längstens vergessene Dinge aus dem Stegreife antworten sollte: so ist handgreiflich, daß ihm das Kapitelsprotokoll zu vorläufiger Durchgehung, zu Erforschung seines Gewissens, zu Erneuerung und Unterstützung seines Gedächtnisses, als ein unentbehrliches Defensionsmittel, ohne arglistige Absicht, ihn in die Schlinge fallen zu machen, nicht konnte versaget werden. Nun urtheile die vernünftige Welt was von dem kommissarischen Betragen zu halten sey, da sie dem guten Abte, alles Bittens und Flehens ungeachtet, das entwendete Kapitelsprotokoll nicht eher restituiret haben, als den 3. Hornung 1779, nachdem das mit ihm vorgehabte sehr lange Examen bereits geendiget war. Das hämische Anerbiethen, ihm zu erlauben, das Kapitelsprotokoll so oft einzusehen, als er sich im Examen darauf berufen würde, kann doch wohl für nichts anders, als für eine defaite angesehen werden.

für die Empörer vom Ordinariate erbitten solle. Der Abt ist gezwungen, diese Kommißionsbefehle zu befolgen, erhält aber vom Hrn. Ordinarius eine abschlägige Antwort. Hierauf gerathen die Herren Kommissarien in eine unpartheyische Hitze; und der erste unter ihnen brach in vollem Eifer in diese Worte aus: „Es muß doch seyn, *coute qu'il coute*". Nun schrieben sie selbst mehrmalen an das strasburgische Ordinariat, bald vorstellend, bald drohend, und immer dringend. Allein das Bistum Strasburg konnte sich nicht entschliessen, unwürdigen Religiosen, die ihr eigenes Seelenheil so ärgerlich vergessen hatten, die Sorge anderer Seelen anzuvertrauen. Worauf die Herren Kommissarien sich auf dieser Seite zur Ruhe begeben mußten; so aufgebracht sie auch waren, ihre unpartheyische Gunst den Rebellen nicht wirksamer bethätiget zu haben.

d) Bald nach dem Anfange der erzbischöfl. Visitation, ließ die Kommiſſion zwey Dekrete im Refektorium anschlagen, worinn sämmtliche Religiosen zu genauer Beobachtung der Disziplin, und die Obern zu deren Handhabung angewiesen wurden. Noch den nämlichen Tag dieser Anheftung, spottete einer der Appellanten offentlich über die Dekrete; diese Verwegenheit, und die täglich von Seiten der Appellanten fortdauernden Disziplinsübertrettungen wurden den erzbischöfl. Kommissarien, ihrem eigenen Befehle gemäß, pünktlich angezeigt. Was erfolgte darauf? Man mußte sehr deutlich wahrnehmen, daß die Herren Kommissarien an den so oft wiederholten Anzeigen der täglichen Unordnungen ein unpartheyisches Misfallen hatten; der P. Prior bekam Befehl die unwirksamen Dekrete abzunehmen, und die appellantischen Unordnungen hatten, nun unter den Augen der unpartheyischen Kommißion, ihren ungestörten und stillschweigend gebilligten Lauf. Selbst die von sämmtlichem Kapitel, wegen dergleichen immer ungestraft sich häufender Exzesse,

Lit. AA. in der Anlage (*Lit. AA.*) gemachten Vorstellungen hatten keine andere Wirkung, als daß sie die legale, unpartheyische, gründliche Kommißionsgalle gegen die Remonstranten in sichtbarliche Gährung setzten.

e) Dessen ungeachtet wollte man sich doch wenigstens das scheinbare Ansehen geben, als misbilligte man die täglichen Disziplinsübertrettungen. In dieser Absicht sprachen die Herren Kommissarien den unterdrückten Klaustralobern oft Muth ein, ihre Gewalt, als Obere, ohne Ansehen der Personen, auszuüben, sich dem Strome der Unordnungen entgegen zu stellen, die neuerlichen Misbräuche abzustellen, alle Gelegenheiten dazu abzuschneiden ꝛc. Allein so bald ein Klaustraloberer sich beygehen ließ, einen Appellanten in seiner angewohnten Freyheit zu stören, ward er hitzig bey der Kommißion verklagt, die Klage mit Beyfalle angenommen, und der Obere streng zur Verantwortung gezogen; wo dann dessen Betragen, so gesetzmäßig es immer seyn mochte, wenigstens als unbescheiden getadelt wurde. Die Klaustraloberen, durch verschiedene dergleichen unpartheyliche Vorfälle gewarnet und intimidiret, schwiegen nun zu allem stille, die Unordnungen giengen ihren alten Gang ungestöret, und die Herren Kommissarien waren zufrieden.

f) Man will der auffallenden Unpartheylichkeit nicht einmal erwähnen, mit welcher die erzbischöfl. Kommißion, dem P. Paul zu gefallen, und auf dessen Wink, den Abt, wider die deutliche Vorschrift der Statuten (P. I. cap. 37. §. 1, 2.) genöthiget, diesem ausgezeichneten Murrer, Empörer und Unruhenstifter die Senioratsprivilegien zu gestatten, welche der untadelhafte Häuchler nach freyer Willkühr, bis zur vollkommenen Unabhängigkeit, bestimmen, ausdehnen und misbrauchen darf.

g) Den erzbischöfl. Kommissarien wurden verschiedentlich bald von dem Abte Anselm allein, bald von ihm und dem sämmtlichen Kapitel die dringendsten Vorstellungen gegen die ausschweifende und grundverderbliche Haushaltung des Usurpators P. Beda gemacht, welcher ohne Wissen und Willen des Kapitels, ja wider dessen mehrmaliges ausdrückliches Verboth, an Gebäuden, Gütern und sämmtlichem ökonomischen Fache mit grossen Kösten alles unten oben kehrte. Hierauf

folgte

folgte aber weiter nichts, als daß dem zügellosen Projektanten das fernere unnöthige Bauen, jedoch mit Ausnahme einer auf eigene Faust schon zu bauen angefangenen Mühle, ganz gelind verbothen, oder vertraulich misrathen wurde; wovon ihm jedoch so viel Ausnahmen zu machen frey stund, als er nur wollte.

b) Die Mühle ist endlich fertig. Nun schrien auch die bedaischen Anhänger, und sonderlich der untadelhafte P. Paul über das nach so vielen angewandten Kosten mislungene Werk. Auf die von dieser respektablen Seite ertönenden Klagen werden die Herren Kommissarien aufmärksam, und finden für gut ein Probmahlen anzustellen; Der Afteradministrator biethet allen Kräften auf, das Werk seiner Hände dem Tadel zu entreissen. Der Sohn desjenigen, welchem P. Beda den Mühlbau anvertrauet hatte, wird beordert, an dem Probetage zu mahlen. Das Wasser wird so hoch, als möglich, gespannet, die Steine frisch geschärfet, die gröbsten Beutel eingezogen ꝛc. Und bey allem dem wird innerhalb 24 Stunden ungefähr die Hälfte von dem erhalten, was die vorige Mühle in nämlicher Zeit recht gut gemahlen hatte; und noch war das Mehl so grob und so schlecht, daß der Bäcker sich nicht enthalten konnte, solches s. v. Saumehl zu nennen. Hierüber fällt der Probemahler dem Bäcker wüthend in die Haare, um ihm das Gegentheil mit geballten Fäusten darzuthun. Dieser Vorfall, und die Bemühung die Räufer auszusöhnen, enthoben die erzbischöfl. Kommißion glücklich der Mühe, sich weiter um die ungerathene Mühle zu bekümmern; das Kloster hatte den Schaden, und P. Beda wird noch heut als ein würdiger, erfahrner Wirthschafter gepriesen.

i) Der P. Beda hatte schon seit dem J. 1774 sich herausgenommen, auf badischen Vorschub, die Klausur zu verlassen und die Prälatur zu beziehen; hier hält er seit jener Zeit, für sich selbst, seine Anhänger, Gönner, Verwandten und Helfer eine besondere sehr kostspielige und niedliche Ehrentafel. Auch gegen diesen verschwenderischen, eine Menge Unordnungen nach sich ziehenden Unfug machte der Abt bey der erzbischöfl. Kommißion Vorstellungen. Das Ding war zu auffallend, um entschuldiget, oder geradezu von der Hand gewiesen zu werden. Man mußte sich daher, wider Willen, entschliessen, den P. Beda an den Gemeindstisch zu seinem Prälaten und anderen Mitbrüdern zu schicken. Allein der verzärtelte Magen des würdigen Usurpators konnte die gemeine Kost, so er seinem Prälaten und Mitbrüdern aufstellen ließ, kaum einige wenige Tage vertragen. Sogleich dispensiret ihn die gefällige Kommißion vom gemeinen Tische, und erlaubet ihm, zum Besten des verschuldeten Klosters, seinen kostbaren Winkeltisch fortzuhalten, und zwar unter dem seltsamen Vorwande, daß seine Geschäfte ihm nicht erlaubten, am gemeinen Tische im Refektorium zu speisen. Freylich währet der gemeine Tisch eine Stunde, des P. Bedä Ehrentafel hingegen durchgehends nur 2 und mehrere Stunden. Auch dieses wußten die Herren Kommissarien; indessen fehlte es ihnen doch nicht an einem armseligen Vorwand, abermal unpartheyisch gefällig zu seyn. Zufolge dieser Erlaubniß fährt P. Beda noch bis auf diese Stunde ungestört fort, seine Ehrenwohnung und Ehrentafel in der Prälatur zu behaupten; obgleich er auch nach der Hand, durch ein eigenes erzbischöfl. Dekret, in die Klausur verwiesen worden. Auch dieses weiß man zu Maynz, und ist doch damit zufrieden.

k) Daß der ungerathene Projektant P. Beda Dilg mittelst seiner hochgelobten unsinnigen Wirthschaft allen klösterl. Vorrath verschwenderisch durchgejaget, und auf eigene Faust dies- und jenseits Rheins eine Menge Schulden auf das Kloster im Verborgenen kontrahiret habe, ist schon hievor (§. 16.) angemärkt worden. Abt und Kapitel wendeten sich auch deshalben an die erzbischöfl. Kommißion und bathen, nicht nur dem Verheerer das zügellose Schuldenmachen einzustellen, und die Abtragung der schon kontrahirten anzubefehlen, sondern auch, damit dessen heimliche Schulden mit Gewißheit entdeckt würden, alle dessen Glaubiger, oder wenn man lieber wollte, alle Glaubiger der Abtey dies- und jenseits Rheins ediktaliter und bey Verlust ihrer Foderungen zu zitiren. Die zween ersten Punkte, die Einstellung des bedaischen Schuldenmachens und deren Bezahlung betreffend, schienen der kommissarischen, vermuthlich auf die ausbedungene Fortdauer der Unordnungen (hievor §. 21.) gegründeten Unpartheylichkeit viel zu bedenklich; der Erkennung einer Ediktalzitation wollte sie hingegen gleichwohl die Hände biethen, vermuthlich in der Hoffnung das Häft dabey in Händen zu behalten, um den P. Beda immer decken zu können. Da aber die Herren Kommissarien nicht wußten, oder nicht wissen wollten, wie das Ding anzugreifen sey; verlangten sie von Abt und Kapitel einen Vorschlag darüber. Dieser Vorschlag ward ihnen schriftlich zugestellet und darinn gezeigt, daß, weil die klösterl. Güter und bedaischen Glaubiger in vieler Herren Länder zerstreuet seyen, man sich die gehoffte Wirkung von der Ediktalzitation nicht versprechen könne, wofern dieselbe nicht von gehöriger Stelle erkannt würde, und daraus der Schluß gezogen, daß für die Gläubiger im Reiche ein höchstes Reichsgericht, und für jene in Frankreich der königl. hohe Rath im Elsaße angegangen werden müsse. Dieser Vorschlag, so auf die Vereitlung der dem P. Beda gewidmeten kommissarischen Rettungsmittel abzweckete, misfiel so ausserordentlich, daß der erste Kommissarius dessen Verfasser in vollem Amtseifer von aller Rechtskenntniß mit legaler Gründlichkeit folgendergestalt schnell degradirte: „Der Verfasser dieses Aufsatzes ist kein Jurist. Die Ediktalzitation können wir selbst erkennen". Mit diesem Entscheide mußten sich Abt und Kapitel begnügen. Aus der Ediktalzitation wurde nichts, die Schulden des P. Beda blieben guten Theils glücklich versteckt, und er im ungestörten Besitze, dieselbe, zum Besten des Klosters, nach Willkühr zu häufen. Wodurch Abt und Kapitel bewogen worden den 19. Jän. 1779 bey den hohen königl. Rathe im Elsaße ein allgemeines Verboth auszuwirken, daß niemand, bey Verlust aller Foderungen, dem Usurpator das mindeste mehr kreditiren solle; welches den Herrn Kommissarien natürlicher Weise sehr wenig Vergnügen verursachte, zumalen dadurch die Hoffnung, ihre Diätengelder durch den P. Beda im Elsaß erborgen zu lassen, auf ewig vereitelt wurde. Ein neues unverzeyliches Verbrechen des Abtes Anselm!

l) Diese überall hervorstechende Unpartheylichkeit war so auffallend, daß selbst der eigene Schwager des P. Beda der fürstl. badische Geheime Rath Krieg, sich nicht enthalten konnte darüber zu frohlocken. Er schrieb währender erzbischöfl. Visitation nach Kolmar „daß des Herrn „ Markgrafen hochfürstl. Durchlaucht alle Ursache hätten, sich Glück zu wünschen, solche Kom„ missarien zu Schwarzach zu sehen; diese hätten den P. Beda bereits, als Administrator, an„ erkannt, und der Prälat habe so gut als alles verlohren". Dieses Schreiben ward zu Kolmar, wo die Abtey mit ihrem Schutzherrn, wegen ebenmäßig gewagter Administrationsentreissung der klösterl. Gefälle im Elsaße, in Rechtfertigung stund, bekannt und machte Eindruck und Aufsehen. Der dortige klösterl. Anwald gab dem Prälaten zu Schwarzach Nachricht davon. Dieser legt die ihm so nachtheilige Nachricht der erzbischöfl. Kommißion vor, und bittet um ein Attestat, daß sie den P. Beda noch nicht für rechtmäßigen Administrator erkennet habe. Dieses Attestat wird rund abgeschlagen. Der Prälat bittet nun, ihm wenigstens ein Zeugniß auszustellen, daß die Sache noch zur Zeit nicht entschieden sey. Aber auch dieses wird ihm abgeschlagen, mit der Bedeutung, daß wenn der königl. hohe Rath zu Kolmar selbst ein Attestat hierüber verlangen sollte, Commissio wissen würde, was zu thun sey. Die Ursache dieses Abschlagens läßt sich ohne Mühe errathen.

m) Andere dergleichen unpartheyische Vorfälle, übergeht man Kürze halben mit Stillschweigen. Obgleich man sich vorgenommen, über deren Notorietät keine besondere Beweise vorzubringen, kann *Lit. BB. CC.* man doch nicht umhin, die Anlagen (*Lit. BB.* und *CC.*) beyzufügen. Die erste Anlage (Lit. BB.) enthält einige, bey Gelegenheit der zweyten kommissarischen Diätenfoderung von 500 Louisdor, den 4. Sept. 1778. von sammtlichem Kapitel der Ables Schwarzach einhellig abgefaßte Concluſa, woraus verschiedene billige Ansuchen des Kapitels und dessen offenherziges Zeugniß von dem besonderen Nutzen, welche die Unpartheylichkeit der erzbischöfl. Kommißion der unglücklichen Abtey verschafft, ersichtlich sind.

Die Anlage (Lit. CC.) ist eine Anzeige, welche ein vernünftiger Weltmann (so sich mehrere Monate vor- und während der Visitation zu Schwarzach aufgehalten und einen vertraulichen Umgang mit der bedaischen Kette gepflogen) nach seiner eigenen Versicherung, der erzbischöfl. Visitation, aus Gewissenstriebe, schriftlich gemacht hat. Aus dieser erhellet zum Theile, wie fein P. Beda gewirthschaftet, und wie geheim ihm und seiner Faktion von Seiten des beeidigten Kommißionskopisten die Protokolle ꝛc. müssen geblieben seyn. Von einer darüber angestellten Untersuchung und gethanem Einhalte ist niemal das mindeste gemärkt worden.

In Ansehung der gerühmten Gründlichkeit wird es genug seyn, Kürze halben, sich auf den §. 41. der Unstatthaftigkeit zu beziehen.

§. 23.

In dem §. 39 des jenseitigen Promemoria ist, als ein vorgebliches Visitationsresultat, ein so abscheuliches Repertorium unerwiesener und unerweislicher Vergehungen und Missethaten, deren sich der fromme Abt Anselm soll schuldig gemacht haben, enthalten, daß, wenn nur der dritte Theil davon wahr wäre, der gute Abt sich ganz gewiß selbst, als ein Ungeheuer der menschlichen Gesellschaft verabscheuen würde. Der jenseitige Verfasser hat sich hier bemühet, den gräßlichen Unrath jener abentheuerlich falschen Zulagen, womit die Rottengeister P. P. Beda und Paul ihren Prälaten anzuschwärzen sich von Anbeginn bestrebet, auf einen Haufen zusammen zu dringen; um den Leser, wo nicht zu überzeugen, doch wenigstens zu betäuben. Die schwarzen Züge, womit er hier den Prälaten zu schildern vermeynet, sind alle dem gottlosfalschen Pinsel seiner verschworenen Feinde, der bedaischen Kette, mit angewohnter legalen Unpartheylichkeit abgeborget.

Der stärkste Beweis von dem Ungrunde dieser abscheulichen Bezüchtigungen liegt darinn, daß die erzbischöfl. Kommißion, ihrer gerühmten, legalen unpartheylichen Gründlichkeit ungeachtet, nicht für rathsam gefunden, dem guten Abte weder diese vermeynten Innzichten, noch dessen Ankläger, noch auch die Zeugen und deren Aussagen, nach richterlicher Pflicht, bekannt zu machen; vermuthlich weil man viel bequemer gefunden, denselben ungehöret und unvertheidiget zu verurtheilen, als mittelst eines verdrüßigen gesetzmäßigen Verfahrens, dessen verläumderische Ankläger blos zu geben, und die unpartheyische Absicht, den Prälaten *coute qu'il coute* zu stürzen, durch eine bündige Vertheidigung vereitelt zu sehen.

In den Jahren 1763, 1765, 1770, 1773 und 1775 sind bischöfl. und reguläre Visitationen zu Schwarzach mit aller Strenge und Genauigkeit gehalten worden. Die Fragen, welche dabey, nach Vorschrift der Statuten, einem jeden Religiosen über das Betragen seines Prälaten, bey seinem Gewissen zu beantworten vorgelegt worden, erstreckten sich über alle dem Prälaten hier vorgeworfene Vergehungen; und dannoch ist niemal eine einzige derselben ihm zu Last gelegt, oder gegründet befunden worden (Beyl. B, F, H — O). Wie ist es dann möglich, daß der gedruckte, verfolgte, spoliirte Abt sich seit dem J. 1775 bis 1778 so erschrecklich soll vergangen haben? Wäre der würdige Abt Anselm nur halb so lasterhaft, als jenseits vorgegeben wird, mit welchem Gewissen hätten dann die erzbischöfl. Kommissarien ihm im J. 1781 so schmeichelhafte, so fette Resignationsbedingnisse antragen können *), ohne offenbare Verletzer der gottgeheiligten Gerechtigkeit

*) S. Unstatthaftigkeit §. 38. Auf diesen glänzenden Resignationsantrag zielet die dunkele Note * zu dem §. 50 des erzbischöfl. Raynzischen Rekurspromemoria.

zu werden? Lasterhafte Verbrecher gehören nach Verdiensten gestraft, und nicht in selbst antragende, in bequemliche, in ehrenvolle Ruhe gesetzet zu werden.

Märket man noch dabey an, daß es dem Appellationsgerichte ohne die unheilbarsten Nullitäten zu begehen, keineswegs geziemet hat, weder seine eigene, noch die übertragene Gerichtbarkeit, über den Appellationsgegenstand anmaßlich auszudehnen (hievor §. 21), und daß von allen dem Abte vorgeworfenen Vergehungen sich keine einzige zu dem Appellationsobjekte eignen läßt: so zerfällt jenseitiges ganze Lasterregister von selbst in sein eigenes Nichts zurück.

Doch „der Beweis aller dieser Zulagen soll sich ja in den Visitationsakten befinden, „welche dem gesammten Publikum erfordernden Falls sollen vorgelegt werden“.

Was für ein triftiger Beweis aus den Akten einer Visitation, die nach dem in der Unstatthaftigkeit sowohl, als in gegenwärtigen Anmärkungen, gegebenen Fingerzeige vollführet worden, könne entnommen werden, mag ein jeder mit Händen greifen. Schon damal als der Abt Anselm die ihm von den erzbischöfl. Kommissarien vorgetragenen glänzenden Resignationsbedingnisse ausschlug *), ward mit offentlicher Bekanntmachung der Visitationsakten auf die erbaulichste Weise gedrohet. Worauf der Abt sich begnüget, die Herren Kommissarien mit der gesetzten Mine und dem ernsthaften Tone eines guten Gewissens zweymal zu warnen: „Hochwürdige Herren! ich „rathe es ihnen nicht“.

Sollte es jedoch mit dieser befremdlichen offentlichen Bekanntmachung ein Ernst seyn: so erwartet man, daß diese Akten nicht gestümmelt, sondern ganz und vollständig vorgeleget werden, damit die Welt sehen möge, was das erzbischöfliche Vikariat für Leute gestrafet, und welche Es als untadelhafte Unschuldige ungestraft zu lassen, oder zu belohnen, für gut befunden habe; besonders erwartet man auch, daß diejenige beurkundete Haushaltungsrechtfertigung, welche der Abt Anselm der erzbischöfl. Kommißion den 30. Nov. 1778, unter dem Titel: Appendix ad rationes meas **) aus eigenem Triebe ad protocollum gegeben, nicht zurück bleibe. Alsdann wird man die nöthigen Erläuterungen über diese Akten dem Publikum mitzutheilen nicht ermangeln.

§. 24.

Was in jenseitigen §§. 40, 41, 42 und 43 vorgebracht wird, erhält aus dem bisherigen seine Erledigung. Nur folgendes ist neu:

„Die erzbischöfl. Visitation habe den Abt um deswillen nicht sogleich restituiren können, weil die schädlichsten Folgen von der äbtischen Verschwendung zu besorgen gewesen seyen. Zumal der Abt das Archiv nach Strasburg verschleppt habe, „und, nach der Appellanten Bemärkung, die Absicht geheget habe, mit seinen Anhängern in das Elsaß überzuziehen; die Gesetze wollten ohnehin deutlich, daß die Restitution eines Ordensvorstebers bey der Gefahr eines unersetzlichen Nachtheils nicht Statt „haben solle“ §. 43.

Und

*) Unstatthaftigkeit §. 38.

**) Diese Rechtfertigung der prälatischen Haushaltung, welche vielleicht nicht appendix ad rationes *Abbatie* hätte sollen intituliret werden, muß der erzbischöfl. Kommißion ein sehr misbeliebiges Aktenstück geschienen haben; indem sie dasselbe nur bis in das Jahr 1781 bey ihren Akten hat leiden wollen; Sie gab es, man kann noch nicht errathen warum, dem Abte Anselm zurück; weshalben dieser solches dem Höchstpreislichen kaiserl. Kammergerichte nebst anderen Exhibitis verschlossen eingesendet hat.

Und hiedurch glaubt man jenes unverantwortliche Verfahren: daß man das an dem Abte durch seine empörten Religiosen begangene Spolium nicht gleich beym Anfange der erzbischöflichen Visitation redressiret, daß man ihn, nach deutlicher Vorschrift der Gesetze, nicht ante omnia restituiret, daß man, dem fürstl. badischen Hofe zu gefallen, alle Unordnungen sowohl pro praeterito als pro futuro (hievor §. 21, 22, *lit. b.*) ungestöret fortdauern lassen, mithin das begangene Spolium genehmiget und sich dessen selbst theilhaftig gemacht hat; diese häßliche Richtersfehler, sagt man, glaubt man also jenseits recht haltbar übertünchet zu haben!

Allein ob der Abt Anselm ein Verschwender, und zwar ein solcher Verschwender sey, dem man auch nicht eine Zeit lang, und zwar nicht einmal unter den eigenen Augen der erzbischöfl. Kommission, die Verwaltung der Temporalien zuruckgeben können; dieses konnte man ja unmöglich anders, als durch den Erfolg der nach jenseitigen Absichten zu vollbringenden Visitation, mit Gewißheit erfahren; zumalen der Abt die bischöfliche gerichtliche Genehmigung seiner Wirthschaft *) bereits für sich hatte. Ist hieraus nicht ganz offenbar, daß der Prälat auf die bloße Angabe der badischen Rotte und der badischen Sachwalter, mit der legalesten Unpartheylichkeit, schon vor aller Untersuchung, ungehöret für schuldig gehalten und verurtheilet war? Wie ist es aber möglich die Welt bereden zu wollen, daß es gefährlich würde gewesen seyn, einen Prälaten gesetzmäßig ante omnia zu restituiren, dem man nicht vorwerfen konnte, jemal das mindeste von Wichtigkeit ohne Genehmigung seines Kapitels unternommen zu haben, und zwar ihn zu einer solchen Zeit zu restituiren, wo alle dessen Schritte und Tritte von den ihm gewiß nicht geneigten erzbischöfl. Kommissarien genau, bewachet wurden? Hingegen war es in der That gefährlich, die Verwaltung einem widerspenstigen Mönche, einem Usurpator zu überlassen, der erwiesenermassen, ungeachtet aller Protestationen des Kapitels, aller Verbothe seiner Oberen, täglich die unsinnigsten Projekte auf eigene Faust unternahm, und zum Verderben des Klosters ausführete, Schulden mit Schulden häufte, und diese seine ungebührliche Verwaltung, gegen alle Gesetze, und wider den Willen seiner Obern trotzig behauptete. Wer greift nicht mit Händen, daß die wahre Ursache der unverantwortlich verweigerten prälatischen Restitution und der stillschweigenden Genehmigung alles verübten Gräuels lediglich in der (hievor §. 14) schon bemärkten Absicht, die erzbischöfl. Vikariatsurtel von 1766 zu vollstrecken, und der damit so treflich vereinbarlichen geheimen Ueberkunft: alles sowohl *pro praeterito* als *pro futuro* in seinem Wesen zu belassen, zu suchen sey.

Daß der Prälat das klösterl. Archiv nach Strasburg, unter die Augen seiner unmittelbaren höchsten geistl. Obrigkeit, in Sicherheit gebracht, ist auf inständiges Anhalten der Kapitularen, mit Einwilligung des Hrn. Ordinarius und Genehmigung des höchsten klösterl. Lehenherrn geschehen (Unstatthaftigkeit Beyl. Num. 15), die Folge hat auch gelehret, daß ohne diese Vorsicht das ganze Archiv, zum unersetzlichen Nachtheile der Abtey, durch Vorschub des würdigen P. Beda in die Hände der fürstl. badischen Räthe, dieser offenbaren Feinde der klösterl. Gerechtsamen, unfehlbar gerathen wäre; daß dieses nicht geschehen, darüber scheint man jenseits wirklich noch ungehalten zu seyn; allein eben dafür sind die Nachkömmlinge der klugen Vorsicht des Abtes Anselm ewigen Dank schuldig.

Die appellantische Bemärkung von der prälatischen Absicht, mit seinen Anhängern in das Elsaß überzugehen, ist ein elendes Märchen, welches man jenseits, wie alle andere appellantische Verläumdungen, mit legaler unpartheylicher Gründlichkeit, ohne den mindesten vorliegenden Beweis, gefällig aufgefangen hat. Der rechtschaffene Abt Anselm wird mit seinen pflichtliebenden Religiosen ehe Gut und Blut daran setzen, als die ihm anvertraute uralte Stiftung ihren Feinden zum Raube überlassen.

*) Kuhrmann. Promemoria Beyl. Num. XV, §. 3, und Unstatthaftigkeit Beyl. Num. 13.

Welches sind dann nun die Gesetze, so die anbefohlene Restitution eines Ordensvorstehers, bey der erdichteten Gefahr eines unersetzlichen Nachtheils, misbilligen, und dem illegalen jenseitigen Verfahren nur die mindeste Schminke leihen?

§. 25.

Der jenseitige Verfasser ist so unvorsichtig gewesen, in der Folge seines Aufsatzes, einige Kirchensatzungen namentlich anzuführen, welche, seiner Versicherung nach, das Verfahren des erzbischöfl. Vikariates vollkommen rechtfertigen sollen. Man beliebe ihn selbst zu hören:

„Der Abt sey, nach deutlicher Maasgabe der auf die vorliegenden Umstände ihres „ganzen Inhalts anschlagenden kanonischen Vorschriften (*Causa 15. quaest. 2. c. 18. cap.* „*6. X. de Stat. monach. c. 8. eod. &c.*) wegen schweren demselben nicht nur als geistl. Vor„steher, sondern auch als Religios zu Last fallenden Gebrechen und Vergehungen, seines „Amtes und Würde entsetzt worden" ꝛc. §. 50.

Wie treflich diese kanonischen Vorschriften auf die vorliegenden Umstände anschlagen, wollen wir gleich sehen.

Die angeführte Causa XV, quaest. 2 hat nur einen einzigen Kanon; der 18te ist nirgendwo zu finden. Man will aber dem bündigen Kanonisten helfen. Es ist vermuthlich in Causa XVIII, quaest. 2 der Kanon 15, so hier anschlagen soll *).

Dieser Kanon des Kirchenraths von Tribur aus dem IXten Jahrhunderte unterstellet ganz offenbar, daß ein Abt aller darin enthaltenen schweren Vergehungen vollkommen und nach rechtlicher Vorschrift überwiesen sey. Dieses vorausgesetzt soll er NB. nicht von jenen, die keine hinlängliche Kenntniß des Klosterlebens haben, sondern von seinem Bischofe und den benachbarten Aebten seines Amts entsetzet werden, weil diese den Geist ihres Ordens am besten kennen, mithin am sichersten urtheilen können, ob der beklagte Abt ferner zu einem Vorsteher tauge, oder nicht.

Ist dann der Abt von Schwarzach der ihm jenseits zu Last gelegter Vergehungen rechtsbeständig überwiesen worden? Keineswegs; denn man hat sich ja nicht einmal getrauet, ihm die Innzichten, Ankläger, Zeugenaussagen ꝛc. zu kommuniziren, ihn förmlich darüber zu hören, und demselben die natürliche Nothwehre zu gestatten (Unstatthaftigkeit §. 41). Ist er von seinem Ordinarius mit Zuziehung anderer Ordensprälaten entsetzet worden? Nein; an Statt dessen hat man die Appellationsgerichtbarkeit so inkompetent und nichtiglich misbraucht (hievor §. 20), daß man sowohl dem Hrn. Ordinarius, in dieser wichtigen durch keine Berufung jemal nach Maynz gediehenen Sache das Recht, als dem Abte die Wohlthat der ersten Instanz unverantwortlich abgestricket hat. Wie dienet dann der befragte Kanon dem gegnerischen Schriftsteller in seinen verdorbenen Kram?

Das caput 6, X. de Statu monach. wird eben so unschicklich angeführet. In diesem kömmt nichts anders vor, als daß Innozenz III. im J. 1213 darinn vorschreibt, wie rechtschaffene Mönche leben sollen, und am Ende setzet er bey: Wofern ein Abt gottlos, seinen Gelübden und seinem Amte untreu seyn würde: solle er wissen, daß er nicht allein abgesetzt, sondern nach der Regel, noch anders gestraft werden könne. Daran zweifelt doch wohl niemand. Hier

*) Die Worte des Kanons sind: „Si quis abbas cautus in regimine, humilis, castus, misericors, „discretus sobriusque non fuerit, ac divina praecepta verbis et exemplis non ostenderit, *ab Episco*„*po, in cujus territorio consistit, et a vicinis abbatibus* et caeteris Deum timentibus a suo arceatur „honore, etiamsi omnis congregatio (*intellige* propriorum suorum monachorum) vitiis suis consen„tiens, eum abbatem habere voluerit.". (Caus. XVIII. qu. 2, c. 15).

Hier aber ist lediglich die Frage, ob ein Metropolitangericht in einer Lokalvisitation sich über den Berufungsgegenstand giltig hinaus erheben könne, um einen Abt, der niemal von seinen unmittelbaren Oberen schuldig gefunden worden, auf eine so schreyend illegale Art, wie geschehen, vermeyntlich abzusetzen. Wie schickt sich nun das angezogene caput 6 auf diese Frage?

Zweckmäßiger zur Sache scheint das angeführte caput 8, X. de statu monach. zu gehen. Aber es ist leyder! auch nur Schein. Man will dessen hier anwendbare Vorschrift in der unten beygefügten Note *) dem Leser, zur geschwinden Prüfung des jenseitigen Verfahrens, unter die Augen legen.

„Werden Aebte (schreibt Honorius III. a. a. O.) nachläßig gefunden, sich selbst oder ihre „Mönche, nach Vorschrift der Visitatoren und der Ordensfatzungen zu bessern: so sollen sie öf„fentlich angeklaget, ihr Vergehen ihnen verwiesen, und sie änderen zur Warnung gestra„fet werden. Wird ein nicht exemter Abt von den Visitatoren zu nachläßig befunden: so „sollen sie alsbald dem Bischofe die Anzeige davon machen, damit ihm *NB* dieser einen „treuen und vorsichtigen Koadjutor, bis zum Generalkapitel, gebe. Wird er aber als ein Ver„schwender oder sonst absetzungswürdig befunden: so soll ihn sein Bischof, auf vorgängige An„zeige der Ordensvisitatoren, ohne Geräusch des Prozesses, von seiner abteylichen Verwal„tung entsetzen und dem Kloster, bis zur neuen Abtswahl, zur Besorgung der Temporalien, einen „tauglichen Administrator ernennen. Wofern aber der Bischof dieses zu thun sich weigern, oder „vernachläßigen würde: so sollen die Visitatoren und Vorsteher des Generalkapitels die „Saumseligkeit des Bischofes sogleich dem apostolischen Stuhle anzeigen." **)

In dieser jenseits angezogenen Stelle ist der Weg, der bey Entsetzung eines Abtes eingeschlagen werden muß, so genau ausgezeichnet, daß derjenige, welcher sich herausnimmt, einen andern zu gehen, gesetzwidrig, inkompetenter und nichtiglich verfährt. Hat dann nun das erzbischöfl. Vikariat diese von ihm selbst als zur schwarzacher Sache vollkommen passend angegebene deutliche Vorschrift eingehalten? Waren die darinn bestimmten Erfordernisse zur Absetzung des Abtes Anselm vorhanden? Und zwar

*) „*Ipsi etiam visitatores, monachos, quos contumaces invenerint et rebelles, juxta modum culpae, vice „nostra, regulari censura percellant, absque personarum delectu, non parcendo rebellibus ob suam perti„naciam vel potentiam amicorum, quin ovem morbidam ejiciant ab ovili, ne inficiat oves sanas*". (Diese Worte passen vollkommen auf die wider die empörte bedaische Rotte den 16. Sept. 1775. ergangene bischöfl. Urtel. S. Unstatthaftigkeit Beyl. Num. 19 und Kuhrmayrs. Rekurspromem. Num. XX). „Si vero Abbates in corrigendis, juxta visitatorum mandatum et regularia instituta, „in se ipsis seu monachis inventi fuerint negligentes proclamentur et corripiantur, et ita punian„tur publice in capitulo generali, quod poena ipsorum sit aliis in exemplum. Quodsi abbas non „exemtus fuerit a visitatoribus nimis negligens et remissus inventus, id loci Dioecesano denun„tient sine mora, et per illum detur ei fidelis et providus coadjutor usque ad capitulum generale. „Si autem dilapidator inventus fuerit, vel alias merito amovendus: per Dioecesanum, postquam „hoc sibi a visitatoribus denuntiatum fuerit, amoveatur absque judiciorum strepitu" (diese drey letzten Worte werden in *Clement. cap. 2, de verbor. signif.* vollkommen erkläret) „a regimine ab„batiae, ac monasterio provideatur interim administrator idoneus, qui temporalium curam gerat, „donec ipsi monasterio fuerit de abbate provisum. Quod si forsan Episcopus hoc adimplere nolue„rit, vel neglexerit: visitatores, vel praesidentes capitulo generali, defectum Episcopi apostolicae „Sedi non differant intimare" etc. (*Cap. 8, X. de statu monach.*)

**) Diese letzte Verfügung des angeführten cap. ist nach der heutigen Kirchenverfassung, und besonders nach dem trident. Kirchenrathe, abzuändern. Nach dieser muß eine solche Saumseligkeit des Bischofes bekanntlich bey der Metropolitaninstanz angezeigt werden.

1) Ist der Abt Anselm in den vielen vorhergegangenen regulären und bischöflichen Visitationen als ein Verschwender, als ein absetzungswürdiger Vorsteher befunden worden? Nein, das Gegentheil erhellet aus allen oben angeführten regulären und bischöfl. Visitationen. In allen wurde er unschuldig und rechtschaffen befunden. Diese gewissenhaften legalen Zeugnisse müssen so lange allen Glauben verdienen und einen rechtsbeständigen Beweis liefern, bis dargethan wird, daß alle damal deponirende Zeugen meineidige Bösewichte, und alle damalige Visitatoren ehrvergessene Verräther der Wahrheit und Gerechtigkeit waren; welches sich ohne die abscheulichste Verleumdung nicht denken läßt.

2) Ist der Abt Anselm in einem einzigen Generalkapitel der strasburger Kongregation von den regulären Visitatoren angeklagt, von den versammelten Aebten öffentlich ermahnet, und mit Worten, oder sonsten bestrafet worden? Nein, alle versammelte Aebte haben ihm erwiesenermassen das rühmlichste Zeugniß gegeben und weder an seiner geistlichen noch weltlichen Verwaltung das mindeste auszustellen gewußt.

3) Ist der Abt Anselm von dem Generalkapitel der strasburger Kongregation als ein inkorrigibler und absetzungswürdiger Prälat seinem Bischofe angegeben, und dessen Absetzung begehret worden? Nein, das Generalkapitel sämmtlicher Aebte, weit entfernet die Absetzung ihres rechtschaffenen Mitbruders von jemanden in der Welt zu begehren, setzte sich vielmehr den ersten Augenblick einhellig gegen die so widerrechtlich, so schreyend jenseits gewagte Absetzung des in allem Betrachte frommen und unschuldigen Abtes Anselm. Dasselbe machet noch heute mit ihm in der, wegen dieser unverdienten Entsetzung, zu Rom eingelegten Berufungs- und Nullitätssache, gemeinschaftliche Sache. Eben so darf er sich der vorzüglichen Gnade und des Schutzes Sr. hochfürstl. Eminenz des Hrn. Kardinals von Rohan, seines Bischofes, dieses grossen Eiferers der Gerechtigkeit, so lange versichert halten, als er fortfahren wird, den Weg der Tugend und Rechtschaffenheit, wie bisher, unverrückt zu wandeln.

4) Hat etwa der Herr Bischof von Strasburg diesen Prälaten abzusetzen vernachläßiget? Nein, denn es ist ihm nicht nur, wie schon gesagt, niemal einige dahin zielende Anzeige geschehen; sondern Er hat ihn auch um deswillen nicht entsetzen können: weil Er jederzeit, nach allen eigenen Gefallens angestellten Untersuchungen einen vollkommen unschuldigen, einen würdigen Vorsteher an ihm gefunden hat.

5) Hat das Generalkapitel die Saumseligkeit des Bischofes bey dem Metropolitan angezeigt und die Absetzung des Prälaten gefodert? Nein, man glaubt auch nicht, daß selbst jenseitiger Schriftsteller jemal so dreist seyn werde, diese Unwahrheit vorzubringen. Und dannoch hat das erzbischöfl. Vikariat sich entschliessen können, bis zur Absetzung des Abtes inkompetenter und nichtiglich vorzuschreiten, unerachtet nicht eine einzige jener Bedingnissen vorhanden war, welche nachdem von Ihm selbst, oder dessen Verfechter aufgestellten cap. 8. X. de statu monach. als hieher seines ganzen Innhalts anschlagend und deutlich masgebend zur Entsetzung eines Abtes erfoderlich sind.

Das erzbischöfl. Vikariat hat also die von ihm selbst gepriesene Regel unbedenklich überschritten, und die von ihm, und für sich selbst angeführten Gesetze verdammen offenbar seine Handlungen.

Warum aber hat man sich jenseits nicht vielmehr auf das, dem Scheine nach, besser hier anschlagende caput 37. X. de offic. et potest. jud. deleg. berufen, wo ausdrücklich *NB.* von der Restitution desjenigen geistlichen Vorstehers gehandelt wird, der sich billig der Verschwendung verdächtig gemacht? Denn obgleich auf dem Abte Anselm noch lang kein billiger Verdacht deswegen haftete, so will man doch jenseits noch jetzt dafür angesehen seyn, als hielt man es dafür.

Allein

Allein auch in dieser Stelle findt das erzbischöfl. kommissarische- oder Vikariatsverfahren seine Verdammung, wie in den vorhergehenden *).

Ehe jenseitiger Schriftsteller sich in dieses Feld gewaget, hätte er vor allen Dingen das vortrefliche Werk seines gelehrten Landmannes, des Hrn. v. Horix *Concordata nationis germanic. integra*, und das darinn tom. 1 befindliche schöne Responsum in causa Spirensi de a. 1763 lesen sollen; wo er, unter anderen, folgende auf gegenwärtigen Fall vollkommen passende Sätze standhaft und unwiderleglich ausgeführet gefunden hätte:

1) Daß über einen der Verschwendung angeklagten Prälaten, der besorglichen schädlichen Folgen ungeachtet, während des Streites, ehe und bevor er vollkommen überwiesen worden, weder eine Suspension verhängt, noch vielweniger aber ihm, Falls er spoliiret worden, die vollkommene Restitution versagt werden könne **).

2) Daß der Richter schuldig sey, den Spoliirten zu restituiren, ehe und bevor er die angebliche Verschwendung desselben untersuchen darf, und ehe jener vor ihm sich zu verantworten pflichtig ist ***).

3) Daß derjenige der ein begangenes Spolium genehmiget (und dieses thut der gewiß, welcher aus richterlicher Pflicht dasselbe reinigen soll und kann, und es dannoch geflissentlich unterläßt) sich selbst dessen theilhaftig und folgsam offenbar partheyisch mache ****). Die Wahrheit dieser Sätze ist ohnehin so unstreitig, und so notorischen Rechtes, daß alles Verdrehen, Schminken und Tünchen dabey vergeblich ist.

§. 26.

Nachdem man den völligen Ungrund der gegen das strasburgische hohe Ordinariat und den unschuldigen Prälaten zu Schwarzach gewagten Anzäpfungen und gräslichen, mit gar nichts erwiesenen Beschuldigungen, so wie einen Theil der unheilbaren Nullitäten und vielfältigen Illegalitäten des ungebundenen jenseitigen Verfahrens hinlänglich gezeiget hat: will man noch zum Beschlusse, unter den dem höchstpreisl. kaiserl. und R. Kammergerichte gemachten harten Vorwürfen die wesentlichsten herauslesen, und dieselbe, nebst einigen anderen Unrichtigkeiten, so kurz als möglich, beleuchten.

*) Das hier nach seinem ganzen Inhalte vollkommen anschlagende, und die von dem erzbischöfl. maynzischen Vikariate wider den Abt zu Schwarzach gebrauchte höchst illegale Verfahrungsart ganz ausdrücklich, oder, wie man zu sagen pflegt, in Terminis terminantibus, verdammende Cap. 37. X. de offic. et potest. judic. deleg. will man zur beliebigen geschwinden Einsicht hieher setzen: Venerabili frat. nost. Archiepiscopo Cusentin. dedimus in mandatis, ut Cephaluden. Episcopum restitui faceret ad Episcopatum, et ad alia, NB. *quibus fuerat spoliatus:* NB. *quo restituto plenarie, et corporalem ac pacificam possessionem adepto, si Episcopus merito esset de dilapidatione suspectus, virum providum et honestum provideret coadjutorem eidem adjungere*, sine cujus consilio nihil eorum faceret, quae ad administrationem pertinent temporalem, NB. *quoad usque veritate comperta* duceremus aliter providendum: Porro idem Archiepiscopus corporis infirmitate gravatus, commisit in hujusmodi negotio vices suas, primo Abbati Sancti Spiritus de Panormo, ac demum Thesaurario Cusentinen. Quorum processus nobis exhibitos, NB. *de fratrum nostrorum Consilio cassavimus justitia exigente:* NB. NB. *quia videlicet Abbas contra mandati nostri tenorem, ad inquirendum, utrum de dilapidatione suspectus esset Episcopus, eo non restituto processit &c.*

**) *Concord. nat. germ. tom. 1. pag.* 252 — 257, [illegible], 302. NB. Man führet hier die Frankfurter und Leipziger Ausgabe von 1771 an.

***) *Ibid. pag.* 261 — 268, 277 *seq. et p.* 301 — 304.

****) *Ibid. pag.* 258, 259.

§. 27.

Das kaiserl. und R. Kammergericht soll sich durch seine höchstverehrlichen Urtheile ganz erschrecklich versündiget haben: „weil dasselbe eine seit dem J. 1775 in Ruhe belassene Mandatssache, nur um einen *conflictum jurisdictionis* zu veranlassen, mit nie erhörter Eilfertigkeit, ohne Ursache und ohne Noth entschieden habe.“ §. 41, 42, 43, 56.

Daß die Mandatssache de restituendo Abbatem &c. seit dem J. 1775 in Ruhe belassen worden, ist eine so derbe Unwahrheit, daß, nach Zeugnisse des Judizialprotokolles, in den J. J. 1776, 1777, 1778, 1779 und 1780, bis zur eröffneten Urtel, von beyderseitigen Anwälden 140 mündliche Rezesse sind abgehalten und 84 gerichtliche producta, nämlich von |73| bis |156| übergeben worden. Gewiß werden wenige Sachen sich finden, welche in einem solchen Zeitraume mit grösserem Eifer von den streitenden Theilen sind betrieben worden.

Was von dem conflictu jurisdictionis und der unerhörten vorgeblichen Eilfertigkeit aus dem fürstl. badischen Rekurspromemoria wiederholet wird, davon ist die Unstatthaftigkeit §. 63, 67, 69, 72, 73, 80, zum Theile auch hievor (§. 21) nachzusehen.

Die Ursache und Noth das unverantwortliche Spolium, wodurch eine ansehnliche uralte deutsche Stiftung täglich tiefer in das äusserste Verderben gestürzt worden, endlich einmal zu reinigen, sind sowohl in den gemeinen Rechten: „Illico *possessio ei, a quo est ablata, reddatur*“ (L. 6, §. 1, Cod. unde vi); als in den Reichssatzungen: „daß die *causae spolii* vor anderen förderlich expediret werden sollen“ (Kammergerichtsordn. von 1533, Art. 2, §. 7 und von 1555 P. I, tit. 10, §. 8. P. III, tit. 47, §. 3) sehr deutlich enthalten.

§. 28.

„Se. erzbischöfl. Gnaden zu Maynz seyen in der Urtel vom 24. Nov. 1780, als Intervenient, eingeflochten worden; obgleich Höchstdieselbe sich deutlich ausgedruckt hätten, daß Sie keineswegs in diese Sache sich zu mischen gedächten“ §. 46, 52.

Daß das unerwartete gerichtliche Erscheinen Sr. erzbischöfl. Gnaden in dieser Sache, nach allen Interventionsbegriffen und Erfordernissen, für nichts anders, als eine förmliche Intervention angesehen werden konnte, ist in der Unstatthaftigkeit §. 34, 35, 36, besonders aber §. 72 dargethan. Unbegreiflich ist hiebey, was die Erklärung: daß man sich in eine Sache zu mischen nicht gedenke, in welche man sich doch wirklich öffentlich und gerichtlich interveniendo mischet, wirken solle. Und hatten dann Se. erzbischöfl. Gnaden in dem von Höchstdero Anwald den 13. Nov. 1780 abgehaltenen Rezesse dem kaiserl. Kammergerichte nicht ganz deutlich mit klaren Worten gesagt, daß Höchstdero gerichtliches Erscheinen und Einmischen ein interventional Erscheinen sey?

§. 29.

„Unbegreiflich sey, daß in der Urtel vom 24. Nov. 1780 dem *Lt.* Loskannt befohlen worden, sich in dieser Sache aller weitern Handlung Namens des Herrn Kuhrfürsten künftig zu enthalten. Dieses sey eine wahre Inkonsequenz; denn würden Se. kuhrfürstl. Gnaden als Intervenient anzusehen gewesen seyn, so hätte Denenselben doch die Zulassung *ad agendum* nicht versagt werden können“. §. 53, 56, 58.

Dem verehrungswürdigsten höchsten Reichsgerichte geht es nicht besser, als dem unschuldigen Prälaten von Schwarzach. Beyde werden mit der nämlichen Bitterkeit, aber auch mit der nämlichen Ungerechtigkeit behandelt.

Dem Lt. Loskannt sind alle weitere Handlungen in dieser Sache Namens Sr. kuhrfürstl. Gnaden blos deshalben untersaget worden: weil er in der mit dieser Sache gewisser Massen verbundenen causa Mandati de non turbando in possess. notoria superioritatis territor. bereits den 17. Jul. 1780 Namens Sr. hochfürstl. Gnaden zu Speyer, als klösterl. Lehnherrn, zu Gunsten der Abtey interveniendo gerichtlich erschienen war, und seine Bitte auch auf diese Sache ausdrücklich folgendergestalt mitgerichtet hatte: „dem ärgerlichen Unwesen (da *ordo imperandi* „ *et obediendi* unter denen Geistlichen, mit äusserster Aergerniß des ganzen Publici, über „ einen Haufen geworfen wird)... durch einen höchst nöthigen und keinen Verzug leidenden oberstrichterlichen Entscheid ein Ende zu machen". Nun ist der nämliche Lt. Loskannt den 10. und 13. Nov. 1780 in causa Mdti. de restit. abbatem &c. Namens Sr. kuhrfürstl. Gnaden zu Maynz, wider die Abtey interveniendo erschienen und gebethen, „ mit allen „ oberstrichterlichen Verfügungen einzuhalten" 2c. Wie konnte nun das höchste Gericht einen Anwald mit widersprechenden Handlungen und Bitten für und wider die nämliche Parthie lassen auftretten? zumalen Se. hochfürstl. Gnaden zu Speyer den 5. Nov. 1781 auch in causa Mdti. de restit. abbatem &c. gerichtlich interveniret sind, und den Prälaten zu Schwarzach höchstDero Vasallen, bey der ihm lehnherrlich anvertrauten Temporalität des Gotteshauses Schwarzach, wider die illegalen erzbischöfl. Verfügungen, zu handhaben gebethen haben.

Sr. erzbischöfl. Gnaden zu Maynz sind so wenig alle Handlungen in dieser Sache untersaget worden, daß vielmehr dem Lt. Niederer als kuhrmaynzischem Substituto des Lti. Loskannts, in der Urtel vom 7. März 1781 befohlen worden, sich Namens Sr. erzbischöfl. Gnaden, *principaliter ad hanc causam* zu legitimiren; und als solches, aller seiner deshalben nach Maynz erlassenen Vorstellungen ungeachtet, nicht erfolgte, ward er in den weiteren Urteln vom 18. May und 20. Jun. 1781 von dem höchsten Gerichte mit Strafe belegt *). Der oberstrichterliche Befehl, sich in dieser Sache aller weiteren Handlung zu enthalten, beschränkte sich also einzig und allein auf die Person des Lti. Loskannt.

Alles dieses konnte jenseitigem Schriftsteller unmöglich verborgen seyn, und dannoch redet er von Inkonsequenzen, von Unförmlichkeiten, von Eigenmächtigkeiten *in modo procedendi* des höchsten Gerichts, um ein unerfindliches gemeinsames reichsständisches Anliegen heraus zu drechseln; und dannoch will er das verehrliche Publikum glauben machen, Sr. kuhrfürstl. Gnaden sey das Gehör versagt worden.

Heu prisca fides mortalium!

§. 30.

„ Das höchste Gericht habe wider die Wahlkapitulation gesündiget, daß Dasselbe „ nicht vorläufig ein Schreiben um Bericht an die Metropolitaninstanz erkannt, und „ keine Information gefodert habe". §. 56.

Bey dieser Beschwerde muß dem Leser nothwendig der Verstand still stehen, wenn er sie gegen die in jenseitigem Promem. §. 63 und 64 aufgestellten Sätze hält, wo es heißt: „ Nie waren „ die Reichsgerichte befugt, wegen der häuslichen Temporalitätsverwaltung unmittelbarer Stiftungen Berichte und Anzeigen zu fodern". Wie mag man doch, um des Himmelswillen, dem kaiserl. Kammergerichte vorwerfen, daß Es dasjenige nicht gethan habe, wozu Es niemal soll befugt gewesen seyn?

*) S. Beyl. Num. 28, 33 und 43 zur Unstatthaftigkeit.

Indessen ist dannoch ganz richtig, daß das kaiserl. K. Gericht durch die Urtel vom 24. Nov. 1780 in der That selbsten von seiner kuhrfürstl. Gnaden einen Bericht gefodert habe; da es darinn heißt: „Dann versiehet man sich zu dem Herrn Churfürsten zu Maynz, daß Derselbe . . . „ diejenigen Gebrechen *circa temporalia*, welche seiner Visitation etwa bekannt geworden . . . „ diesem kaiserl. Kammergericht ohnverweilt anzeigen zu lassen, von selbsten geneigt „ seyn werde". Dieses war auch der Natur der Sache um so gemässer, als nicht wohl abzusehen ist, wie in einer nicht ausergerichtlich sondern bereits bis zum Schluß gerichtlich verhandelten Sache, und an einen gerichtlichen Intervenienten ein Schreiben um Bericht solle erkannt werden. Indessen stund es hier dannoch dem höchsten Intervenienten vollkommen frey, die durch Urtel aufgefoderte Anzeige einen Bericht zu nennen. Allein man ließ das kaiserl. Kammergericht leer ausgehen, weil man behauptete, ein höchstes Reichsgericht sey niemal befugt, wegen der Verwaltung unmittelbarer geistlicher Stiftungen, Berichte und Anzeigen zu fodern.

§. 31.

Dem kaiserl. Kammergerichte soll es endlich gar in dieser ganzen Sache an der nöthigen Gerichtbarkeit gefehlet haben, welches folgendergestalt will bewiesen werden:

„ Zwischen den Temporalien einer geistlichen Stiftung und ihrer Verwaltung sey ein „ sorgfältiger Unterschied zu machen. Die Temporalien selbst, nämlich das Eigenthum „ und Jurisdiktionalbefugnisse ꝛc. gehörten nur alsdann zur höchsten Reichsgerichtbarkeit, „ wenn ein Rechtsstreit darüber entstünde; die Verwaltung derselben aber niemal, wofern nicht das Temporale selbst, oder ein dahin gehöriges Recht streitig sey. Diese „ Verwaltung gehöre allein zur geistlichen Disziplinargewalt; welches selbst aus den zu „ Schwarzach *1572, 1645* und *1761* sich eräugneten Vorfällen erhelle. Wenn auch „ kaiserl. Majestät, oder einzelne Reichsstände hie und da die Temporaladministration „ in Anspruch genommen, sey solches doch nur in Kraft schutz- und kastenvogteylicher „ Befugnisse geschehen" ꝛc. §. 47, 59 — 67.

Man enthält sich hier geflissentlich, Gründe aus dem allgemeinen Staatsrechte und der älteren Kirchenverfassung anzuführen, um allen Schein zu vermeiden, als sey man gesinnet die geistliche Gerichtbarkeit anzufeinden oder zu schmälern; bekannt ist auch, daß selbst der Prälat von Schwarzach dieselbe mit Mund und Feder jederzeit, auch gerichtlich und öffentlich, verfochten habe. Indessen kann man doch nicht umhin zu zeigen, daß wenigstens jenseits vorgebrachte Sätze und Gründe noch lange nicht hinreichen, die gemachten Ansprüche zu rechtfertigen; indem dieselbe mit dem offenkündigen Reichsherkommen und allen bekannten reichsgerichtlichen praejudiciis vollkommen in Widerspruche stehen.

Zufoderst märket man an, daß hier nicht allein die Frage sey von der Verwaltung unmittelbarer Stiftungsgüter, sondern auch von der mitten unter den unheilbarsten Nullitäten einseitig gewagten Entsetzung eines unmittelbaren Prälaten von den seiner Verwaltung anvertrauten Lande und Leuten, Regalien und Weltlichkeiten, und deren einstweiligen Uebertragung an eine Rotte verurtheilter Empörer. Daß also, wenn auch jenseitige Sätze ihre Richtigkeit hätten, sie dannoch wenige, oder gar keine Rücksicht verdienten.

Was nun die jenseits unschicklich hier angebrachte ganz und gar unbedeutende Distinktion zwischen den Temporalien und deren Verwaltung betrift; so begnügt man sich den jenseitigen Schriftsteller auf das unten angeführte, nicht für die Erweiterung der weltlichen, sondern wider die

An-

Anfeinder der geistlichen Macht und Gerichtbarkeit geschriebene vortrefliche Werk *) zu verweisen, wo er so viel Gründliches hierüber antreffen wird, daß er die ungereimte Anwendung dieser Distinktion in dergleichen Fällen so bald nicht mehr wagen wird. Und haben dann nicht schon in den ältesten Zeiten die Könige und Kaiser den Bischöfen und Aebten, zu Verwaltung der geistlichen Güter eigene Advokaten bestellet? Gehört die Verwaltung der geistlichen Güter blos zur geistlichen Disziplinargewalt, warum räumet man dann jenseits das Recht über diese Verwaltung zu disponiren dem fürstl. Hause Baden ein? Warum nimmt man sogar den Uebertrag dieses Rechtes unbedenklich aus höchstdessen Händen an? (Ruhrmaynz. Rekurspromem. §. 13, 14, 21, 22, 23, 57, 58 und Unstatthaftigk. §. 34, 35) da doch selbst fürstl. badischer Seits dem Herrn Metropolitan in einem gerichtlichen der erzbischöfl. Kommißion den 19. Dec. 1779 vom Abte Anselm kommunizirten producto weiter nichts, als das Recht die Abtey blos in spiritualibus zu visitiren zugestanden worden. Und ist dann nicht das Recht über die Verwaltung der schwarzachischen Stiftungsgüter zu disponiren seit dem J. 1573 und 1585 bey dem k. Kammergerichte im Streite befangen? (Unstatthaftigk. §. 9—13). Hat man nicht fürstl. badischer Seits den Prälaten Anselm bey dem kaiserl. Kammergerichte, als einen vorgeblichen Verschwender angeklagt, lange zuvor ehe an eine Metropolitanvisitation gedacht worden? Haben nicht Se. erzbischöfl. Gnaden selbst, wegen der lediglich aus dem Streite über die Temporalverwaltung entstandenen badischen Zudringlichkeiten, im J. 1774 den Prälaten ausdrücklich an das kaiserl. Kammergericht verwiesen **)? Und wird dann jenseits nicht selbst eingestanden, daß die Verwaltung vor das kaiserl. Kammergericht gehöre, falls das Temporale selbst, oder ein dahin gehöriges Recht streitig sey (Kuhrm. Promem. §. 61)? Wieviel mehr also, wenn die Verwaltung selbst und schier alle dahin einschlagende Rechte dort im Streite befangen sind?

Nun urtheile ein jeder, ob das kaiserl. Kammergericht dem geistlichen Richteramte, oder dieses jenem eingegriffen habe.

Nun wollen wir einige hier anschlagende reichsgerichtl. praejudicia sehen:

1) Im J. 1537 befiehlt das kaiserl. Kammergericht einem gewissen Erzbischofe, die Priorin eines Frauenklosters wieder in ihr voriges Amt, Stand und Wesen einzusetzen ***).

2) Als Markgraf Philipp von Baden eine päbstliche Bulle erhalten hatte, welche ihm alle Temporalien und Verwaltung der Abtey Schwarzach zueignete, und er dieselbe in Ausübung setzen wollte: befahl Ihm das kaiserl. Kammergericht, bey Strafe 20 M. l. G. den Abt zu Schwarzach bey inhabender Verwaltung seines Klosters ruhig verbleiben zu lassen ****).

3) Im J. 1602 verordnet der kaiserl. R. Hofrath, daß der von dem Bischofe zu Würzburg und seinem eigenen Kapitel und Landständen entsetzte Abt Balthasar zu Fuld in seine vorige Dignität, Stift, Amt und Regalien restituiret werden, der Bischof denselben indemnisiren, auch Kapitel und Landstände, wegen ihrer Widersetzlichkeit, eine Strafe von 120000 fl. erlegen, und dem Abte alle Pflicht und Gehorsam erweisen sollen *****).

N 4) Im

*) De l'autorité des deux puissances, a *Strasbourg* 1780, tom. 2. pag. 440 &c. 448, 450, 451, 452. S. auch von Kreitmayer Anmerk. über den *Cod. Maximil. Bavar.* pag. 566, 1466, 1486—1488. Moser von der Landeshoh. im Geistlichen pag. 256 seq. 288, 301 seq. Ebenderselbe von der deutsch. Justizverfaß. *I.* Th. pag. 888. 904. Schmidt Geschichte der Deutschen *I.* Th. pag. 337, 340, 341, 343, 380, 553, 595, 607, 609. *II.* Th. pag. 192, 194, 275, 467 &c.

**) Beyl. Num. 18 zur Unstatthaftigkeit.

***) BARTH *Sentent. camer. tom. 2. pag. 501. lit. D.*

****) Beyl. Num. 6 zur Unstatthaftigkeit.

*****) SCHANNAT *histor. Fuldens. P. III. pag. 268—277* et in Codice probat. pag. 430—433, wo das im J. 1574 deshalben erkannte kaiserl. Mandat und die im J. 1602 eröfnete Urtel enthalten sind. S. auch Moser persönl. Staatsr. der deutschen Reichsstände I. Th. pag. 244, 245.

4) Im J. 1650, auf Klage des Bischofes von Konstanz, als Abtes des Klosters Reichenau, eine päbstliche Visitation dieses Klosters betreffend, resolviret der Reichshofr. dem Pabste vorzustellen, „daß gleichwie Ihre kaiserl. Majestät demselben *in meris Spiritualibus* einzigen Ein„griff zu thun nicht gedacht wären, und könnten dahero wohl leiden, daß einige Visita„tion *circa Spiritualia* vorgenommen werde ... als thäten sich hingegen aber Ihro kaiserl. „Majestät versehen, wann die Visitation auf die *temporalia* ... gerichtet, daß solche an„derst nit, als mit Adjungirung eines kaiserl. *Commissarii* fürgenommen werden müßte" *c.* Worauf der Graf von Wolfegg, als kaiserl. Kommissarius, zur Visitation des Klosters Reichenau ernannt worden. In dieser wichtigen Sache haben nicht nur des h. R. Reichs Kuhrfürsten und Stände zu Frankfurt anwesende Gesandte sämmtlich, sondern auch Se. kuhrfürstl. Gnaden zu Mayns sonderlich, bey kaiserl. Majestät für den Hrn. Bischof zu Konstanz interzediret *).

Aus dem Verlaufe dieser Sache erhellet auch, daß ein geistl. Visitator, in Ansehung der ihm über die Temporalien zukommenden Einsicht, sich begnügen müsse, wenn ihm über das Einkommen und die Gefälle eines Gotteshauses ein summarischer Bericht vorgelegt wird **). S. hievor (§. 13.)

5) Im J. 1736 fodert der Reichshofrath auf Klage des Stifts Cornelimünster, wegen übler Wirthschaft seines Abtes, von diesem einen Bericht, erkennet hierauf im J. 1738 eine kaiserl. Kommißion auf den Abt zu Werden und den Magistrat zu Aachen, um die prälatische weltliche Verwaltung und Rechnungen über die Stiftungsgüter zu untersuchen, untersaget den Religiosen, das freye Aus- und Einlaufen, verbietet dem Abte, das Untersuchungsgeschäft, unter dem ungegründeten Vorwande des fori ecclesiastici, aufzuhalten ***) und als das Erzbisium Köln sich hierinn zu mischen gedenket, werden dessen Einwendungen, als unstatthaft, verworfen ****).

6) Reichskündig ist die berühmte Salmansweiler Sache; in dem den 3. Jul. 1761 darinn ergangenen kaiserl. Reskripte heißt es unter anderen: „Es gereiche zum handgreiflichen Abbruch des h. „R. Reichs Hoheit und Ihrer kaiserl. Majestät oberstrichterl. Amtes, daß einiger Ordenskommissarius „in Fällen, wo eine Suspensions- oder Depositionsstrafe Statt finden möchte, oder es das tem„porale principaliter, oder auch nur incidenter betrift, ohne Beyseyn und Zuthun eines kaiserl. „Commissarii gegen einen Reichsstand mit Specialinquisitionen zu Werk schreite, und wirklich „dabey Strafen ansetze, somit denselben seiner reichsständischen Gerechtsamen und der Administra„tion des Weltlichen privire, ja noch weiter sich einer anderweiten Disposition hierüber anmasse, „und jemanden sonsten nach Willkühr übertrage... Ihro kaiserl. Majestät deklariren daher sotha„nes reichssatzungs- und verfassungswidriges Verfahren kraftlos, inkompetent, null und nichtig, „und verordnen, daß, führohin, so oft im Reich bevorab in kaiserl. oder königl. Stiftern „und *NB.* unmittelbaren Reichsgotteshäusern eine Klostervisitation ... nöthig ... „und sofern auch entweder gleich anfänglich die Visitation das *temporale* der Gotteshäu„ser und Klöster zum Gegenstande haben, oder auch währender Visitation sich veroffen„baren würde, daß solche in das *temporale* einschlagen, und eine Veränderung *NB.* ent„weder in der Verwaltung, oder sonsten nach sich ziehen möchte, darüber bey kaiserl. „Majestät eine allerunterthänigste Anzeige überreichet, um Benennung eines kaiserl. *Commissarii*

*) Moser Abhandl. verschiedener Rechtsmaterien XV. Stück *pag.* 524—531. 541 *seq.* 550 *seqq.*

**) S. Auszug des Reichshofrathsprotokolls vom 2. Sept. 1652, bey Moser a. a. O. *pag.* 548. *seq.*

***) Die hierinn am kaiserl. R. Hofrathe ergangenen Verfügungen und Erkenntnisse finden sich bey Moser von der deutschen Justizverfassung I. Th. pag. 189—897.

****) Moser Reichs-Staatshandbuch III. Th. pag. 115.

„ *missarii* angesuchet, und bis zu erfolgender kaiserl. Resolution, mit weiterem Untersuchen „ und Verfahren an sich gehalten werden möge" rc. *).

7) In Sache Rektor und Kanonici des Kollegii ad S. Michaelem in Weydenbach wider Kuhrkölln rc. erkannte der Reichshofrath den 16. Jun. 1770 ein Reskript an Kuhrkölln; „kaiserl. Majestäten hätten ersehen, welchergestalt der Herr Kuhrfürst bey der durch dessen Generalvikarium „ in dem . . . Kollegiatstift Weydenbach A. 1768 in spiritualibus vorgenommenen Visitation be„ reits schon in dem Visitationsdekret vom 20. Oct. ej. an. . . in verschiedenen NB. blos die „ *administrationem temporalium* betreffenden Punkten einseitig verfüget, einen so nen„ nenden *oeconomum* mit besonderer, allein *ad temporalia* wiederum ertheilten Vorschrift „ angestellt. . . Gleichwie aber kaiserl. Majestät dergleichen *NB.* einseitige Einmischun„ gen des Herrn Kuhrfürsten, *qua ordinarii*, in blosse *temporalia* nicht zugeben könnten . . . „ als wollten kaiserl. Majestät über all obiges des Hrn. Kuhrfürstens Verantwortung . . . „ gewärtigen" rc. Den 11. Aug. 1775. wurden des Hrn. Kuhrfürsten Einwendungen, Deklarationen und übriges Gesuch wiederholt verworfen, und die Vorkehrungen dessen vicarii generalis kassiret **).

8) Den 15. Oct. 1771 reskribirten kaiserl. Majestät, auf die Klage des Stadtmagistrats zu Kölln, contra Kuhrkölln: „Daß dem Magistrat die Anstell- und Verpflichtung der zu Verwal„ tung der Kirchengüter aufgestellten weltlichen Personen zustehe, mithin auch die Oberaufsicht „ und Erkenntnisse über diese Rechnungen, als eine nothwendige Folge gebühre. . . Weshal„ ben der Hr. Kuhrfürst seinem geistl. Hofrichter all weiteres Verfahren disfalls inhibiren möge" rc. Den 10. Aug. 1772 und 7. Feb. 1775 erfolgten Paritorien mit Ahndung des hierinn nach Rom genommenen Rekurses ***).

9) Auf Klage des benediktiner Frauenklosters Ueberwasser zu Münster, gegen den Hrn. Bischof zu Münster, puncto ademtae administrationis foderte der R. Hofrath den 11. Jän. 1771 von Sr. kuhrfürstl. Gnaden zu Kölln Bericht; als dieser eingelanget war, verwarfen kaiserl. Majestät in einem Reskripte vom 18. Febr. 1772 die kuhrfürstl. Verantwortung, als unhinlänglich, und kaßirten alles dasjenige, was bischöfl. Seits, wegen der Verwaltung der klösterl. Güter, eigenmächtig war verfüget worden, mit dem märkwürdigen Beysatze: „Da übrigens kaiserl. Maje„ stät bey dieser Gelegenheit abermal des Hrn. Kuhrfürsten reichsgesetzwidrige und gegen „ die kaiserl. Gerichtbarkeit anlaufende, auch schon mehrmalen verworfene, aus seinem „ vermeyntlichen *jure episcopali* hergeholte *principia* aus desselben Bericht wahrgenommen, „ nach welchen der Hr. Kuhrfürst, bey Visitation der Klöster und derselben Güter, sich „ überhaupt eine privative Kognition, mit Ausschliessung kaiserl. Majestät anzumassen „ gedenke; als könnten Sie solches keineswegs ungeahndet hingehen lassen, sondern verse„ hen sich zu dem Hrn. Kuhrfürsten, daß Derselbe, sowohl in dieser Sache, als anderen „ dergleichen Fällen seine reichsständische Schuldigkeit gegen Sie künftighin besser aner„ kennen werde" ****).

10) In Sache des Abtes zu Schönthal wider den Hrn. Bischof zu Würzburg, ward Letztem den 3. Nov. 1773 reskribiret: „Kaiserl. Majestät hätten misfällig ersehen, daß Er, bey

*) *Selecta juris public. tom. 44, pag.* 288. und Moser persönl. Staatsrecht der deutschen Reichsstände, *I.* Th. *pag.* 245—248.

**) Moser Reichsstaatshandbuch *I.* Th. *pag.* 454—457.

***) Moser a. a. O. *pag.* 457—459.

****) Moser Reichsstaatshandbuch *I.* Th. *pag.* 4—6.

„ der im Kloster Schönthal vorgenommenen Visitation in spiritualibus, an den Abt die Able„ gung sämmtlicher Rechnungen gesonnen, und auf dessen billige Verweigerung, denselben „ ab officio et omni gubernio, directione et administratione monasterii suspendiret; da doch „ vor Untersuchung dieses die Weltlichkeit nothwendig mitberührten Geschäftes, kaiserl. Majestät, „ zu gleichmäßiger oberstrichterlicher Verfügung circa temporalia, die vorläufige Anzeige hätte ge„ macht werden sollen". Hierauf wird das Suspensionsdekret aufzuheben, alle Visitationsakten und Protokollen an Kaiserl. Majestät einzusenden, und den Abt in sein Amt zu restituiren befohlen; fort der Herr Deutschmeister als kaiserl. Kommissarius ernannt, „ wel„ chem alles was über die Weltlichkeit des Klosters einen Gegenstand der Visitation abgeben könne, „ lediglich zu überlassen sey".. Nicht minder wurden die Religiosen, weltliche Beamten und Unterthanen ernstgemessen angewiesen, dem Abt die schuldige Treue, Achtung und Gehorsam zu bezeigen *). Den 16. Dec. 1776 ergieng eine fernere kaiserl. Verfügung, welche verordnet, sieben widerspenstige empörte Religiosen, zu Herstellung der inneren Ruhe, unverzüglich in andere Klöster zu verbringen, und zugleich dem Abte eine Vorschrift zu Verwaltung der Temporalien ertheilte **).

11) Als der Aebtissin zu Burscheid, wegen angeblicher üblen Verwaltung im Geistlichen und Weltlichen, nicht nur der Gehorsam von den Klosterfrauen ins Angesicht aufgekündet, sondern sie auch von dem subdelegirten Visitator des Zisterzienserordens im Geistlichen und Weltlichen suspendiret, und die Verwaltung der Priorin aufgetragen worden: ergieng deshalben am R. Hofrath den 21. Dec. 1781 eine Verfügung, worinn es unter andern heißt: „ Nachdem aber mit den „ Reichssatzungen und der Reichsverfassung nicht zu vereinbaren sey, daß von der geistl. „ Obrigkeit, oder ihren Subdelegirten, in solchen Fällen, wo eine Deposition oder Sus„ pension auch nur *in Spiritualibus* Platz greifen, oder das *temporale* sonst in anderen We„ gen *principaliter* oder auch nur *incidenter* mitbetroffen werden möchte, ohne Beystyn „ und Zuthun eines kaiserl. *Commissarii*, gegen einen Reichsstand mit Spezialvisitationen „ oder anderen Prozessen fürgegangen .... sohin derselbe seiner reichsständischen Ge„ rechtsamen und der Verwaltung des Weltlichen ob zwar den Worten nach nicht *directe*, „ sondern nur, vermög nothwendiger Folgen der im Geistlichen verhängten Suspensio„ nen *indirecte*, oder auch nur *provisionaliter* priviret, und noch dazu die gedachte Ver„ waltung einsweilen sonst jemanden nach Gutbefinden zu übertragen sich angemasset „ werde: als könnten kaiserl. Majestät nicht umhin, das Eingangs erwähnte von dem „ Gottesthaler Abt einseitig unternommene Verfahren, da durch selbes über die Schran„ ken der geistlichen Befugniß hinaus, und in die reichsoberhauptliche Gerichtbar, und „ andere allerhöchst kaiserl. Zuständigkeit eingegriffen worden, als incompetent, mithin „ als null, nichtig und kraftlos, wie hiemit geschehe, zu erklären " 2c. Folgends werden Se. kuhrfürstl. Gnaden zu Köln, qua talis, als kaiserl. Kommissarius ernannt, um die Gebrechen der weltlichen Verwaltung zu untersuchen ***), die Klosterfrauen aber, unter schärfster Verweisung ihrer Widerspenstigkeit, zum schuldigen Gehorsame gegen die Aebtissin, bey Vermeidung kaiserl. Ungnaden, angewiesen.

12)

*) Moser Reichsstaatshandbuch I Th. pag. 6 — 12.

**) Schwarzach contra Baden Mandati de restituendo abbatem, Beyl. Num. 118 zum mündlichen Rezesse Dris von Sachs de 19. Febr. 1781.

***) Diese kaiserl. Kommission ist auch allsogleich in dem Reichsstift Burscheid eingerücket, und beschäftiget sich noch wirklich mit dieser Untersuchung.

12) Reichskündig sind ohnehin die nach Aufhebung der Jesuiten, über die Verwaltung ihrer Güter herausgekommenen vielen Reichshofr. Conclusi, in welchen allen der Satz zum Grunde gelegt worden: daß nicht die Jesuitergüter, doch aber deren Verwaltung *pro vacante* anzusehen und somit einsweilen von dem Landesherrn zu besorgen sey *), obgleich die Aufhebungsbulle vom 21. Jul. 1773 omnem jurisdictionem et autoritatem societatis extinctae tam in Spiritualibus *quam in temporalibus* in locorum ordinarios totaliter et omnimode übertragen hatte **). Gehörte nun, nach der übel ersonnenen Distinktion, die Verwaltung geistlicher Güter lediglich zur geistlichen Disziplinargewalt; so hätte auch die einsweilige Verwaltung der Jesuitergüter der geistl. Gewalt allein müssen überlassen werden.

Die zu Schwarzach sich eräugneten Vorfälle von 1572, 1643 und 1761 beweisen um so weniger etwas für jenseitige Ansprüche, als einer Seits dasjenige Zutrauen, welches das Bistum Strasburg durch sein gegen die Abtey Schwarzach jederzeit bezeigtes väterliche Betragen, von jeher mit Recht erworben hat, und vermög wessen die Abtey alle dessen gerechte Verfügungen sich immer gerne gefallen lassen, auf ihm allein haften muß ***) andererseits aber nicht erwiesen ist, daß jene Vorfälle zu der reichsoberstrichterlichen Notiz gediehen, und genehmiget worden; am allerwenigsten aber kann dargethan werden, daß dieselbe auf den nach Mayntz devolvirten Appellationsgegenstand (mit welchem allein die metropolitischen Visitatoren sich zu beschäftigen hatten) den mindesten Bezug haben.

Endlich wird es hier sehr gleichgültig seyn, in welcher Eigenschaft kaiserl. Majestät, mittelst der höchsten Reichsgerichte, allerhöchstdero reichsoberhauptliche Befugnisse handhaben, Ruhe und Ordnung herstellen und der unterdrückten Unschuld gegen den Misbrauch der geistl. Gewalt den gesetzmäßigen Schutz allergerechtest angedeihen lassen ****)

Unbegreiflich ist es aber, wie man jenseits gegen das erwiesene Reichsherkommen, zu offenbarer Bestreitung und Schmälerung der weltlichen Macht, sich die ausschließliche Gerichtbarkeit über die Verwaltung der Temporalien, mithin, wo nicht ganz directe, doch wenigstens indirecte, über die Temporalien selbsten, beylegen möge, nachdem doch erst im J. 1769 die hohe Kuhr Maynz selbst den Traktat des Kardinals Bellarmini, von der Macht des Pabstes in zeitlichen Dingen, nebst dessen Vertheidigung, wie auch sonstige Bücher, die dergleichen Sätze in sich halten, und die weltliche Macht angreifen, bestreiten, oder auf einige Weise einschränken, durch ein eigenes Edikt

öffent-

*) Moser Reichsstaatshandbuch *I. Th. pag. 12—24. 117. 137. 139. 145. II. Th. pag. 50—63, 344. 348. 470.* Dessen Abhandl. besonderer Rechtsmaterien *III.* Stück, *pag. 195.* Ferner Dessen zwölf Reichshofr. *Conclusa* von Aufhebung des Jesuiterordens.

**) Moser Reichsstaatshandb. *I* Th. *pag. 16.*

***) Das gerechte und wohlverdiente Zutrauen, welches die Abtey Schwarzach gegen das Bistum Strasburg zu tragen gewohnt ist, und welches zu misbrauchen das Bistum niemal gedacht hat, noch jemal gedenken wird, ist von jeher so groß, daß schon in dem XIVten Jahrhunderte Abt und Konvent ihren Herrn Ordinarius für monasterii sui in Spiritualibus Praelatum immediatum et in temporalibus Dominum temporalem in öffentlichen Urkunden anerkannt haben. (Gerettete Wahrheit Beyl. Num. *1086, XXV.*) Was folgt hieraus für die Ansprüche des erzbischöfl. Vikariats? Was folgt daraus gegen die reichsoberhauptliche Gerichtbarkeit über die Temporalien der unmittelbaren Abtey Schwarzach?

****) „Attendi debet“ (sind die Worte eines gepriesenen maynzischen Gelehrten) „eam esse Imperii nostri formam, quod Implorans protectionem caesaream contra subditum Imperii debeat ad Imperatorem, vel in Camera imperiali, vel in Consilio imperiali aulico, confugere, utpote *ubi Sedes est majestaticae et supremae auctoritatis judiciariae,* mediante qua subditi Imperii ad satisfaciendum „suis obligationibus sunt compellendi“ (Horix *concordata nat. germ. integra tom. 2 pag. 257.* S. auch Wetzlarische Nebenstunden *P. I. pag. 185. et P. 50. pag. 13*).

öffentlich hat verbieten lassen *). So lang nun die erzbischöfl. Gewalt der päbstlichen subordiniret ist: so lang wird sich daher auch gemeldtes Edikt mit den jenseitigen dermaligen Behauptungen nicht vereinbaren lassen.

§. 32.

Im Vorbeygehen märket man nur an, daß es gar nicht zu begreifen ist, wie in jenseitigem Promem. §. 71 Not. *) möge vorgegeben werden: „Die erzbischöfl. Visitation habe sich in „Ansehung der Temporalien bloß damit beschäftiget, ob vom Abte die Temporalien nach „der Ordensregel, zum geistl. Endzwecke verwendet, das *votum paupertatis* von ihm und „anderen nicht überschritten, die Kirchengeräthschaften angeschaffet, die Religiosen nicht „genugsam oder verschwenderisch unterhalten worden seyen ꝛc. und was derley wahre „Disziplinargegenstände mehr seyen. Von weltlichen Gerechtsamen des Klosters und de„ren Ausübung sey gar keine Frage gewesen".

Zum einstweiligen angenfälligen Beweise, daß dieses nicht blos geschehen, dienen unter anderen die auf 10 Bögen befindlichen von der erzbischöfl. Kommißion den Religiosen zu Schwarzach zugestellten Verwaltungsinstruktionen, darinn, unter anderen vielen Sachen, eine für die Umstände der Abtey Schwarzach sehr schädliche Vorschrift enthalten, von wem und wie z. B. die nutzbaren Regalien, als Banngeld, Beeth, Waaggeld, Admodiationen, Burger- und Meistergeld, Gerichtsstrafen, Abzug, Wasserzins, Goldwaschen, Schußgeld, Schazung ꝛc. verrechnet werden sollen ꝛc. Worinn die ganze Landökonomie mit allen ihren handgreiflichen Disziplinargegenständen, als Feldbau, Säen, Aerndten, Fruchteinführen, Dreschen, Aufspeichern ꝛc. die Reebhöfe, Taglöhner, Pferde, Horn- und Schafvieh ꝛc. eine disziplinarische Musterung paßiren. Und hatten dann die von den erzbischöfl. Kommissarien auf alle zerstreute klösterl. Mayer- Reeb- und Gülthöfe ꝛc. nicht nur im Reiche, sondern (welches für fremde Visitatoren ziemlich unvorsichtig war) auch im Elsaß auf 12 und mehr Stunden Wegs so unnöthig unternommenen Visitationsreisen, die Erkundigung deren Einkünfte, die Besichtigung deren Lage, Gebäude, Beschaffenheit ꝛc. hatten, sagt man, diese Reisen und Beschäftigungen auch nur die bloße klösterl. Disziplin zum Gegenstande?

Anderer Vorgänge zu geschweigen, was hatten dann alle klösterliche alte Rechnungen vom J. 1710—1760, auf deren unnütze, gefährliche und unschickliche Vorlage metropolitischer Seits so lange, so vielfältig, so befremdlich gedrungen worden (Unstatthaftigkeit §. 33. und die dort befindlichen Beylagen Num. 22, 23), was hatten, sagt man, jene alte Rechnungen, was hatte die Himwegnahme des klösterl. Archivschlüssels **) zu einer Zeit, als man zu Schwarzach eben an einer Ver-

---

*) Moser Reichsstaatshandbuch II. Th. pag. 3.

**) In jenseitigem Promem. §. 50. wird das klösterl. Archiv fälschlich für ausgeleeret angegeben. Warum aber den disziplinarischen Schlüssel von einem ausgeleerten Archive nach Maynz schleppen? Freylich war das Meiste aus dem Archive nach Strasburg in Sicherheit gebracht (S. hievor §. 24). Es ist aber doch auch wahr, daß nicht alles geflüchtet werden konnte, und daher noch vieles zurück geblieben war. Diese zurückgebliebenen Urkunden wollte der Abt noch durchgehen lassen, um die Sachdienlichen in einer damals sich in der Arbeit befindlichen Vertheidigungsschrift der klösterl. Landeshoheitsrechte gegen das fürstl. Haus Baden am kaiserl. Kammergerichte zu benutzen. Allein die erzbischöfl. Kommissarien hatten nicht so bald den Schlüssel zum Archive in Handen, als sie die Durchgehung der noch darinn gebliebenen Schriften und Urkunden anders nicht, als in ihrer aller Gegenwart gestatten wollten. Sie begaben sich auch nebst dem Prälat, einigen Religiosen und dem klösterlichen Amtmanne in das Archiv, um der Durch-

Verthädigung der wichtigsten klösterl. Gerechtsamen gegen die schutzherrlichen Beeinträchtigungen beschäftiget war, mit den gerühmten Disziplinargegenständen gemein?

Wenn bey dieser Visitation und deren Verfügungen von weltlichen Gerechtsamen des Klosters und deren Ausübung keine Frage gewesen; warum wird dann in dem 14ten Visitationsdekrete zu Besorgung aller klösterl. Geschäfte ohne Ausnahme ein vermeyntes Consilium Seniorum niedergesetzt, da doch die Disziplinssachen von den Klaustraloberen besorget werden? Warum sind dann die zu diesem consilium seniorum ernannten disziplinlosen Empörer berechtiget, sich kraft jenes Dekrets, der Verwaltung der Regalien und Jurisdiktionalien, der Regierung von Lande und Leuten zu unterziehen, die Unterthanen vorzuladen, dieselbe mit gewehrter Hand gefänglich einzuziehen, zu strafen und nach Willkühr zu behandeln!

§. 33.

„Nach dem 14. Art. §. 2 der Wahlkapitulation gehöre das Verfahren wider üble „Haushälter zur Pastoralauthorität und Disziplinargewalt der deutschen Herren Erz- „und Bischöfe" §. 68.

Diese Stelle der kaiserl. Wahlkapitulation ist offenbar allein gegen den römischen Hof angesehen, wenn aber des auctoritate pastorali wider üble Haushälter gebrauchten Verfahrens der deutschen Herren Erz- und Bischöfe darinn gedacht wird, so unterstellet dieses offenbar, daß gedachtes Verfahren gesetz- und reichsverfassungsmäßig beobachtet worden; welches erwiesenermassen in untergebenem Falle keineswegs geschehen ist. So wenig nun gesagt werden kann, daß die von einem geistlichen Richter begangenen vielfältigen Illegalitäten, Nullitäten und Misbräuche durch diese Stelle der Wahlkapitulation gebilliget werden: eben so wenig kann behauptet werden, daß dadurch der höchsten weltlichen Gerichtbarkeit untersaget werde, wider dergleichen enorme Misbräuche sich mit aller Strenge der Gesetze zu bewaffnen um denselben Einhalt zu thun.

Endlich um gesagte Stelle zweckmäßig gelten zu machen, hätte jenseitiger Schriftsteller noch erweisen sollen, 1) daß darinn die Frage nicht sey von solchen Fällen, wo die deutschen Herren Erz- und Bischöfe zugleich als Landesherren gegen Ihre geistliche Unterthanen, wegen übler Haushaltung, einseitig zu verfahren berechtiget sind; 2) daß vielmehr dadurch kaiserl. Majestät, auch weltliche Kuhr- und Fürsten sich Ihres Rechtes über die Temporalien der geistlichen Güter und deren Verwaltung völlig zu begeben gemeinet gewesen; und 3) daß nicht nur dieses Recht, sondern auch die Befugniß, ein unmittelbares Reichsglied der Verwaltung aller Regalien, Land und Leuten zu priviren *) dem geistlichen Richteramte ausschließlich überlassen worden sey.

D 2 §. 34.

Durchgehung beyzuwohnen. Was im Fluge für sachdienlich erachtet worden, ward vom Abte und seinen Gehilfen zum Gebrauche auf die Seite geleget; dieses erlaubete man gleichwohl dem Abte, zur Gnade, mit sich zu nehmen, doch anders nicht, als gegen eine den Herren Kommissarien auszustellende schriftliche Spezifikation und Revers. Weil ihnen aber bey dieser Durchgehung die Zeit bald zu lange ward, mußte man abbrechen. Hierauf schlossen sie das Archiv wieder, nahmen den Schlüssel zu sich, und waren nach der Hand durch keine Vorstellungen mehr zu erbitten, dem Abte und seinen Gehilfen die angefangene nothwendige Durchsuchung fortsetzen zu lassen. Diesem ohne Zweifel legalen und unpartheyischen Benehmen der erzbischöfl. Kommission hat das hochfürstl. Haus Baden es zu verdanken, daß vielleicht die wichtigsten Urkunden und Beweise der angefochtenen klösterl. Gerechtsamen in der Finsterniß verborgen geblieben sind, und Gott weiß, wie lange noch verborgen bleiben werden.

*) Die Privation bey Geistlichen ist eben das, was die Acht bey Weltlichen ist (Moser von den deutschen Reichstagsgeschäften, pag. 184, 196, 219, 220.)

§. 34.

„ Das kaiserl. Kammergericht sey nicht berechtiget gewesen, die erzbischöfl. Vika„ riatsverfügungen *quoad Spiritualia* für noch nicht zu vollziehend zu erklären; da ohnehin „ dem Abte Anselm von dem römischen Stuhle der *effectus suspensivus* sey abgeschlagen „ worden" Not. ** zum §. 74, und §. 80.

Daß das höchste Reichsgericht bey vorgesagter Erklärung, in allem Betrachte, recht und wohl gehandelt habe, ist in der Unstatthaftigkeit §. 69 bereits gezeigt worden. Was von Abschlagung des effectus suspensivi gesagt wird, verdienet eine Erläuterung.

Nachdem die alte bedaische Streitsache zu Rom im J. 1770 endlich entschieden war *a*), weigerte man sich sowohl von Seiten der verurtheilten beyden Religiosen, als von Seiten des erzbischöfl. Vikariats zu Maynz, diesem Urtheile Folge zu leisten, unter dem nun erst aufs Tapet gebrachten Vorwande, daß vermög der deutschen Konkordaten die Sache durch Kommissarien in partibus hätte entschieden werden sollen.

Als im J. 1781 die durch den Prälaten zu Schwarzach, seine getreuen Religiosen *b*) und sämmtliche strasburgische Kongregation von den exorbitanten erzbischöfl. Verfügungen ergriffene Berufung und Nullitätsklage zu Rom eingeführet worden: wurden, um allen jenseitigen Ausflüchten jetzt den Weg auf einmal zu verlegen, durch ein päbstliches Breve vom 22. May 1781, die Herren Erz- und Bischöfe von Kambrai, Arras und Lüttich mit der Klausel: sammt und sonders, zu Kommissarien und delegirten Richtern in partibus ernannt; um die Sache, Namens Sr. päbstlichen Heiligkeit, zu untersuchen und zu entscheiden (*Lit. DD*). Allein auch dieses war jetzt nicht recht; denn nicht so bald hatte man jenseits Nachricht hievon, als man allen Kräften aufboth, die Wiederrufung dieses Breve zu erwirken; zum deutlichen Beweise, daß man nicht die Befolgung der Konkordaten, nicht die schleunige Administration der Justiz, sondern nur ermüdende Umtriebe zum Zweck hatte. Den finstern einseitigen Vorspieglungen gelung es auch so weit, daß mittelst einer anderweiten Verfügung nicht nur das Breve wiederrufen seyn, sondern auch die eingelegte Berufung keinen effectum suspensivum haben sollte *c*).

Lit. DD.

Hierauf ward der appellantische Theil genöthiget, sich von den besonderen Tribunalien ab- und unmittelbar an Seine päbstliche Heiligkeit Selbsten zu wenden; Allerhöchstwelche sodann durch ein gerechtestes Dekret vom 23. Horn. 1782 der Berufung den effectum suspensivum beyzulegen, und die Sache ad sacram Congregationem Episcoporum et Regularium zu verweisen geruhet haben (*Lit. EE.*)

Lit. EE.

Das

a) S. diese römische Urtel in der Beyl. Num. 12. zur Unstatthaftigkeit.

b) Unter diesen befinden sich zwey Drittheile des Konvents, und selbst der rechtschaffene P. Placidus Kunstle, obgleich er durch die inkompetenten erzbischöfl. Vikariatsverfügungen, in der Absicht, ihn vom Prälaten abwendig zu machen, zum Prior zu Schwarzach anmaßlich war bestellet worden.

c) Beyl. XXXIX zum kuhrm. Rekurspromem. Nach verschiedenen von Rom eingelangten Nachrichten soll man zur Erschleichung dieser Verfügung unter anderen sich auf ein unbekanntes päbstliches Indult berufen haben, kraft wessen keiner von dem erzbischöfl. maynzischen Vikariate an den römischen Stuhl ergriffenen Berufung jemal der effectus suspensivus soll beygelegt werden können. Hat dieses Grund: welcher Fingerzeig für sämmtliche Suffraganten des erzbistums Maynz, um auf ihrer Hut zu seyn!

Das oberste Kirchenhaupt ist also mit dem kaiserl. Kammergerichte vollkommen einverstanden, daß die erzbischöfl. Vikariatsverfügungen, quoad spiritualia, noch nicht zu vollziehen seyen.

Den 2. April. 1782 sollte ein påbstlicher Notarius der bedaischen Kette gedachtes Dekret zu Schwarzach insinuiren und von ihr die Erklårung abfodern, ob sie nun gesonnen sey, ihren rechtmåßigen Oberen den schuldigen Gehorsam zu leisten, und zur Klosterdisziplin zurückzukehren, insonderheit aber, ob P. Beda und P. Anselm sich in die Klausur begeben und die Verwaltung der Weltlichkeit niederlegen wollten. Allein als der Notarius seine Insinuation beym P. Paul anfangen wollte, brach dieser untadelhafte Empörer beym Anblicke des påbstlichen Dekrets in eine lårmende Wuth aus, er weigerte sich die Insinuation anzunehmen, mishandelte den Notarius mit Schimpfworten und stieß ihn zur Thüre hinaus. Der Notarius verfügte sich hierauf zum P. Beda, wo die Rebellen indessen zusammengeloffen waren; auch hier weigerten sich alle die Insinuation anzunehmen, riefen das Gesind und die Gerichtsbothen zu Hilfe, erhuben einen lårmenden Tumult, schimpften wacker auf den Notarius, schlugen ihm die vidimirten Kopien aus der Hand, befahlen den Bothen, ihn sammt den Zeugen in den Kårker zu werfen, und behielten das Original des Dekrets, welches ihnen nur ad recognoscendum war vorgezeigt worden, gewaltsam zuruck, restituirten solches auch erst den 22. April, nachdem sie solches, wie verlautet, nach Maynz geschickt hatten, um neue Verhaltungsbefehle zu haben.

Diesem schnöden, gegen die höchste geistliche Gewalt, mit der respektswidrigsten Verachtung bezeigten Ungehorsame erkühnen sich die gottlosen Empörer, die strâflichste Widerspenstigkeit gegen die allerhöchsten kaiserl. Gebothe noch tåglich mit zügelloser Raserey beyzufügen. Denn da ihnen, durch die erzbischöfl. Vikariatsdekrete *) die Verwaltung der klösterl. Lande und Leute anmaßlich übertragen worden, so fahren sie, des von Sr. påbstlichen Heiligkeit gestatteten effectus suspensivus ungeachtet, fort, diese Dekrete unter dem fortgesetzten Beystande der fürstl. badischen Regierung, gewaltthåtig zu vollstrecken. Sie mishandelen die armen Unterthanen nach Willkühr, und zwingen dieselbe durch Drohungen Thurn- und Geldstrafen zum Ungehorsame gegen die kaiserlichen in dem abteylichen Gebiete öffentlich angeschlagenen Patenten **). Wovon man nur folgendes neue im Monate May dieses Jahres gegebene Beyspiel anführen will.

Georg Regenold, ein klösterl. Unterthan von Vimbuch soll die dem rechtmåßigen P. Großkeller bereits erlegte Manumissionsgebühre eines Dritten, der bedaischen Kette, folgsam doppelt bezahlen, wie anderen armen Unterthanen schon oft wiederfahren. Als er sich dessen weigert, wird zur Pfåndung geschritten. David Fritz Schultheiß zu Vimbuch erhålt vom P. Prior, Namens des Prålaten, den Befehl, die Exekution abzutreiben; er thut es zufolge der offenen kaiserl. Patenten. Flugs wird er mit bewaffneter Mannschaft nach Schwarzach in Arrest gebracht, und der Regenold um ein Pferd gepfåndet. Einige vom P. Prior sammt Notarien und Zeugen abgeschickte Religiosen befehlen dem Schultheissen, aus dem Arreste nach Hause zu gehen, und schicken dem Eigenthümer, weil sich niemand nur mit einem Worte widersetzte, das gepfåndete Pferdt zurück. Hierauf kommt ein Schwarm badischer Husaren nach Schwarzach um gewöhnlichermassen nicht ohne Kösten der Abtey in den Abtsståben sich einzuquartiren, die Empörer gegen die kaiserl. Patenten in bewaffneten Schutz zu nehmen, und die Unterthanen von deren Befolgung abzuhalten. Der Schultheiß wird abermal und zwar von abgeschickten Bothen und Bauern, denen 4 Husaren auf dem Fusse folgten, gefånglich eingezogen, so wie Georg Regenold. Zween Tåge

P und

*) Kahrm. Rekursprom. Beyl. Num. XXXII, decret. 14.

**) Unstatthaftigkeit Beyl. Num. 32, 33.

und so viel Nächte mußten sie wohlbewacht im Kärker zubringen. Nun werden sie nacheinander der bedaischen Kette vorgeführet, und unter allerhand Drohungen belehret, daß sie sich an die kaiserl. Patenten gar nicht zu kehren hätten, hierauf, nach Bezahlung aller Kösten, rc. (woran es dem Schultheissen allein 13 fl. 36 kr. betragen) losgelassen, unter dem strengsten Strafgebothe, weder dem Prälaten, noch den Seinigen, im mindesten zu gehorchen. Während diesem Vorgange wollte der P. Prior sich mit einigen Religiosen auch Notarius und Zeugen zum P. Beda begeben, um den Empörern über dergleichen Tyranney und Unbilligkeit Vorstellungen zu machen; allein er ward von den badischen mit Ober- und Untergewehr versehenen Husaren, welche die bedaische Thüre bewachten, unter groben Begegnungen zurückgewiesen.

So wird das kirchenoberhauptliche Ansehen, so wird die allerhöchste kaiserl. Majestät zu Schwarzach ungeahndet und ungestraft, täglich fort beschimpft, verachtet, verspottet und zwar von sechs geschützten, unwürdigen, aller geistlichen und weltlichen Obrigkeit trotzenden Mönchen, die man sich nicht scheuet, für untadelhafte, für die unstreitig würdigsten Religiosen dem getäuschten Leser öffentlich anzupreisen. Dieses sind die Leute, welchen zu gefallen, man sich nicht nur den reichsoberhauptlichen Geboten mit gewaffneter Hand entgegen setzet, sondern auch alle erdenkliche Vorspieglungen verschwendet, und alle geheime Kabinetstriebfedern in Bewegung gesetzt werden, um die Exekution der oberstrichterlichen Urtel zu stecken. Und diese Exekution — wird sie gesteckt, so triumphirete das verurtheilte Laster, so bliebe die Unschuld unterdrückt, und alle Gesetze wären vergebens *); Wehe alsdann, und abermal wehe der bedauerlichen deutschen Justizverfassung! Wehe dem Ansehen der höchsten Reichsgerichte, welche nicht einmal ein aufgelegtes Spolium mehr sollen wirksam reinigen können!

§. 35.

Man will nur noch zwo einzige gegen das kaiserl. Kammergericht vorgebrachte Beschwerden berühren; wovon die erste ist, daß dieses höchste Gericht den erzbischöfl. Kommissarien die Erhebung der über die bereits anfänglich vorschußweise bezogenen 4000 Livres annoch gefoderte 10000 fl. Diätengelder abgesprochen habe; die Zweyte besteht darinn, daß höchstsolches sich gar unterfangen, dem erzbischöfl. Vikariate das unzulässige Exkommunuziren zu untersagen.

Die

*) Nulli omnino Statuum Imperii liceat jus suum vi et armis persequi . . . quae vero judicis sententia definita fuerint, sine discrimine statuum executioni mandentur (*I. P. Westphal. art.* 17. §. 7).

„Damit auch die ausgesprochene Urtheil ohnverlängt zur Vollziehung gebracht werden . . . „soll die Exekution . . . den ausschreibenden Fürsten eines oder mehr benachbarten Creyses, von „unserm kaiserl. Kammergericht aufgetragen und anbefohlen werden, welche dann auf solchen „des Kammergerichts Befehl und des obsiegenden Theils gebührliches Ansuchen ihme förder„lichste Hülf und Vollziehung mitzutheilen schuldig seyn sollen" (Reichsabschied vom J. 1654. §. 159, 160). — Wie aber, wann das Fürsteninteresse erfodert, daß die gedruckte Unschuld unrecht habe? — Wehe der Unschuld, wehe der Gerechtigkeit in einem Lande, wo es ein solches Interesse gibt!

„Wann nun im Reichshofr. oder Kammergericht ein Endurtheil gefället, und dasselbe kraft „Rechtens ergriffen, so soll und will der röm. Kaiser dessen Exekution in keinerley Weise hin„dern . . . sondern damit (d. i. mit der Exekution) . . . ohne einige Verzögerung und Beobach„tung einiger der Rechten nach nicht zuläßiger Exception verfahren und vollziehen, und derge„stalt einem jedwedern ohne Ansehen der Person schleunig zu seinen erstrittenen Rechten verhel„fen" (kaiserl. Wahlkapitulation Art. 17. §. 1).

Die erste Beschwerde trifft nicht sowohl das höchste Gericht, als vielmehr die kundbaren Kirchensatzungen des Concil. tolet. IV. vom J. 1633 cap. 35 und Lateranens. III vom J. 1779 cap. 4 et 6 (cap. 6 X de cens. et exact. cap. 6 de offic. ordin. in 6) besonders aber den tridentinischen Kirchenrath (sess. 24, cap. 3, de reform.) wo für die Erhebung der Visitationsgebühren folgender Wechsel ausgestellet wird.

„ Die Visitatoren sollen sich bestreben, die Visitation auf das geschwindeste, jedoch mit ge„ hörigem Fleiße zu verrichten. Indessen sollen sie sich hüten jemanden durch unnütze Kö„ sten beschwerlich zu fallen, oder gar für Visitationsgebühren, oder unter jedem ande„ ren Vorwande, Geld, Geschenke, oder was sonsten anzunehmen, ungeachtet alles „ auch unvordenklichen Herkommens; ausgenommen jedoch, die nothwendige Nahrung, „ welche ihnen und den Ihrigen sparsam gereichet werden solle. Wofern aber einer, wel„ ches fern sey, etwas mehr zu nehmen, sich unterstehen würde, so soll er innerhalb einem „ Monate solches doppelt zurückgeben, und noch mit anderen Strafen in dem provinzial „ Synode, nach Gutachten des Synods, ohne Hoffnung einiger Nachsicht, beleget wer„ den" *a*). S. auch Unstatthaftigkeit §. 31, Not. *.

Diesem zufolge hat die erzbischöfl. Kommission dem Prälaten zu Schwarzach 8000 Livres zu erstatten, und noch sonstige Strafen zu gewärtigen. Und daran hat das kaiserl. Kammergericht nicht die mindeste Schuld.

In Ansehung der zweyten Beschwerde will man sich ebenmäßig enthalten, nur den mindesten Satz aufzustellen, welcher dem verehrlichen geistlichen Stande auf eine oder andere Weise misfallen könnte. Zu Rechtfertigung des vom kaiserl. Kammergerichte gegen die gemisbrauchte Metropolitangerichtbarkeit beobachteten Verfahrens wird es genug seyn, das kundbare Reichsherkommen in dergleichen Fällen unter die Augen zu legen.

1) Im J. 1338 wurden auf dem Reichstage zu Frankfurt die wider den Kaiser Ludwig aus Bayern und dessen Anhänger ergangenen Exkommunikationsprozesse und Interdikte für nichtig erkläret, und darauf die sogenannte Kuhrverein zu Rense errichtet *b*).

2) Den 26. May 1664 in Sache des Abtes zu Weingarten wider den Abt zu Einsiedel, erkläret der kaiserl. Reichshofrath eine gegen den Abt zu Weingarten und dessen Pfleger zu Blumenegg von dem Bischofe zu Chur, in praejudicium litispendentiae ac jurium imperii, öffentlich denunzirte Exkommunikation für null und nichtig *c*).

P 2 3)

a) Daß diese Verordnung in der deutschen Kirche nichts fremdes sey, lehret uns die Reformation, welche Bischof Godfried von Würzburg im J. 1448 für seine geistliche Gerichte ergehen ließ, darinn er unter anderen verordnet, die Archidiakonen und Offizialen, wenn sie das Amt der Visitur, oder den Send halten, sollen die Pfarrer, oder die Personen, die sie visitiren, mit unredlichen und schweren Azungen (der kostbare Unterhalt von 4 Herren und 4 Bedienten durch ein ganzes Jahr ist eine schwere Azung) und Bedrangsal (12000 fl. Didten ist eine Bedrangsal für ein verarmtes Kloster) in keinerley Weiß beschwehren, und auch nicht kostenlich noch überflüssig Kost suchen, sondern mit Danksagung aufnehmen, was man ihnen zu Ehren und ziemlich reichen wird, und in aller ihrer Handlung so gefahren, daß sie gesehen werden zu suchen, nit das ihr sey, sondern das Jesu Christi. (Schmidt Geschichte der Deutschen IV Th. pag. 583).

b) Schmidt Geschichte der Deutschen III Th. pag. 539. 540 seqq.

c) Moser Abhandlung verschiedener Rechtsmaterien XVtes Stück pag. 580. seqq.

3) Den 7. Dec. 1647 erkennet der kaiserl. Reichshofrath ein mandatum inhibitorium sub poena privationis regalium et privilegiorum, wider den Bischof von Chur, weil er den Beamten des Klosters Weingarten und einen Notarius, mittelst auf der Kanzel verlesenen und an die Kirchthüre angeschlagenen Bannbriefes exkommunizirt hatte *d*).

4) Den 15. May 1652 klagt der Bischof von Konstanz am kaiserl. Reichshofr. daß, weil er Bischof zween ungehorsame Mönche von Reichenau habe gefänglich einziehen lassen, der päbstl. Nuntius in der Schweiz gegen ihn mit den angedrohten Zensuren verfahre; bittet deshalben um starke kaiserl. Handreichung ꝛc. Der Verfolg ist an unten angeführter Stelle zu lesen *e*).

5) In Sache des Kapitels zu Sieburg wurden im J. 1680 am kaiserl. Kammergerichte die zu Rom ergangenen Zensuren per mandatum annulliret *f*).

6) In den J. J. 1744 und 1746 ließ der kaiserl. Reichshofrath, wegen wider einen Syndikus zu Glengen und Konsorten, widerrechtlich verhängten Exkommunikation, Verordnungen ergehen *g*).

7) In Sache zu Kölln Bürgermeister und Rath wider den erzstiftköllnischen geistl. Hofrichter und das Stift zu St. Aposteln daselbst, puncto banni ecclesiastici contra cives nulliter relaxati, versehen sich kaiserl. Majestät den 8. März 1771 zu dem Herrn Kuhrfürsten von Kölln, daß Er seinem Offiziale die unverzügliche Aufhebung der gegen die beeden städtischen Gewaltrichter verfügte und respective angedrohte Exkommunikation gemessenst anbefehlen, auch pro futuro seinen geistlichen Gerichten dergleichen unziemliche Eingriffe und Beschränkungen der weltlichen Gerichtbarkeit ernstlich untersagen werde ꝛc. *h*).

Die Anwendung dieser Hergänge auf den untergebenen Fall macht sich von sich selbsten.

§. 36.

Um die Geduld des Lesers nicht zu misbrauchen, sieht man sich genöthiget, hier abzubrechen. Indessen glaubt man den Ungrund aller wesentlichen harten Beschuldigungen, womit der Verfasser des jenseitigen Promemoria den unschuldigen Prälaten zu Schwarzach, die Aebte der strasburger benediktiner Kongregation, das Gedächtniß des höchstsel. Herrn Kardinals von Rohan, das sämmtliche bischöfl. strasburgische Vikariat, und das höchstpreisliche kaiserl. Kammergericht, theils unchristlich, theils lieblos, theils freventlich und immer fälschlich anzuschwärzen sich bestrebet hat, hinlänglich aufgedeckt zu haben.

Das in der ganzen schwarzacher Sache wider den würdigen Abt Anselm beobachtete ungerechte Verfahren ist in formalibus und materialibus so schreyend, und mit so vielen ungebundenen Illegalitäten, Nullitäten, auch kirchen- und reichssatzungswidrigen Benehmungen, Misbräuchen, Eingriffen und sich selbst widersprechenden Anmaffungen ausgezeichnet *i*), daß die Unterdruckung des unschuldigen, des frommen Prälaten zu Schwarzach, welcher durch ein aufgezwungenes Schicksal

---

d) Moser a. a. O. *pag. 560 seqq.*

e) Moser a. a. O. *pag. 532—543.*

f) Horix *concord. nationis germ. intergra, tom. 2, pag. 127, in nota subjecta;* und Fabri Staatskanzley *tom. 4, pag. 707.*

g) Staatsschriften unter K. Franz, *tom. 2, pag. 1054.*

h) Moser Reichsstaatshandbuch I Th. *pag. 459—462.*

i) Den Beweis davon liefern theils gegenwärtige Anmärkungen, und theils folgende Stellen der Unstatthaftigkeit ꝛc. §. 23—29, 31—46, 62, 63, 65, 67, 69, 71—73.

sal nur in seinen gerichtlichen Widersachern seine Richter verehren soll k), die eigene Sache derjenigen geworden ist, welche von der göttlichen Vorsehung zu Bewahrern der Gesetze, zu Handhabern der Ordnung und Gerechtigkeit auf Erden berufen worden.

Sie ist besonders die eigene Sache des allerdurchlauchtigsten Reichsoberhauptes, Allerhöchstdessen Majestät, Gerichtszwang und Vorrechte von allen Verurtheilten so mannigfältig dabey hindangesetzt, gekränket und verletzet worden l).

Sie ist die Sache des apostolischen Stuhles, über dessen Ansehen und Gerichtbarkeit man sich unbedenklich hinausgesetzt hat m).

Sie ist die Sache sämmtlicher zu dem maynzischen Metropolitansprengel gehöriger Herren Bischöfe und Suffraganen, welche ihre ungezweifelten Ordinariatsbefugnisse gegen die gelegenheitlichen Eingriffe und willkührliche Verfahrungsart des erzbischöfl. maynzischen Vikariats zu wahren gedenken n).

Sie ist vorzüglich die Sache aller höchst- und hohen Reichsstände, welchen an der Aufrechthaltung ihrer weltlichen Hoheitsrechte und landesherrlichen Gerichtbarkeit, gegen fremde Eingriffe, gelegen ist o).

k) Daß der unglückliche Prälat in der höchsten Person seines Schirmherrn zugleich seinen Ankläger, Rechtswidersacher und Richter gefunden habe, ist in der Unstatthaftigkeit §. 27, 57 zu ersehen. Kaum hatte das erzbischöfl. Vikariat zu Maynz das Richteramt über den Prälaten angetretten, so hatte dieser das Leydwesen, Se. kuhrfürstl. Gnaden gegen sich gerichtlich interveniendo auftretten zu sehen, um seine Restitution und die gesetzmäßige Reinigung des Spolii zu hintertreiben (Unstatthaftigkeit §. 34, 72). Also auch hier abermal Richter und Widerpart in der nämlichen höchsten Person!

l) Hievon bittet man nachzusehen die Unstatthaftigkeit rc. §. 35—46 und gegenwärtige Anmärkungen §. 31, 34.

m) Unstatthaftigkeit §. 23, 32, 40 und hievor §. 34.

n) Um nur von einem Theile derjenigen Zudringlichkeiten, Eingriffe, Misbräuche und sonderbaren Begegnungen, welchen sich das Bistum Strasburg von Seiten des metropolitischen Vikariats in der leydigen achtzehnjährigen Streitsache der unseeligen schwarzachischen Unruhenstifter P. P. Paul und Beda, ausgesetzt gesehen, einen Begriff zu geben, muß man sich Kürze halben auf die Unstatthaftigkeit §. 22, 23, 31—33, 41; und auf gegenwärtige Anmärkungen §. 6. 8. 12—15, 18—20, 22 *, * berufen. Nun ist leicht zu urtheilen, was andere Suffraganate, auf begebenden Fall, zu erwarten haben. Die nämlichen Ursachen werden in ähnlichen Umständen immer die nämlichen Wirkungen hervorbringen.

o) Die Fragen, ob die Handlungen eines geistlichen Vorstehers, in so weit sie dem Staate schädlich seyn können; ob die Herstellung der öffentlichen Ruhe und Ordnung in einem Kloster; ob die Temporalien der geistlichen Stiftungen, oder nur deren Verwaltung (welche doch selbst ganz gewiß etwas weltliches ist) lediglich ein Gegenstand des geistlichen Richteramtes seyen, und die weltliche Gerichtbarkeit directe oder indirecte völlig davon ausgeschlossen werden könne; ob das weltliche Richteramt nicht in sich selbst die Mittel habe, seinen eigenen Gerichtszwang sowohl, als seine Untergebenen gegen die Misbräuche der geistlichen Gewalt zu wahren und zu schützen; diese Fragen sagt man interessiren unstreitig und hauptsächlich alle höchst- und hohe Reichsstände, besonders in jenen Gegenden, wo die Landeshoheit und das geistliche Richteramt sich in verschiedenen Händen befinden. Sind diese Fragen in den kammergerichtlichen Verfügungen vom 24. Nov. und 23. Dec. 1780, 7. März, 14. und 23. April, 18. May und 20. Junii 1781, (Unstatthaftigkeit rc. Beyl. Num. 25—28, 30—34) nicht anders, als nach der heutigen Staats- und Reichsverfassung, nach dem kundbaren Reichsherkommen, nach den hieroben (§. 34, 35) angeführ-

Sie ist endlich die Sache eines jeden redlichen Patrioten, dem der Ruhm einer guten Justiz in seinem Vaterlande nicht gleichgiltig ist; eines jeden ehrlichen Mannes, der selbst nur in gesetzmäßiger Verwaltung und stracker Handhabung der Gerechtigkeit seine eigene Sicherheit finden kann; eines jeden Menschenfreundes, der von der gütigen Allmacht zum Mitleiden gegen ungerechte Bedruckungen seines Mitmenschen erschaffen ist.

---

geführten vielfältigen Reichspräjudizien, wohl und gerecht entschieden: so ist kaiserl. Majestät, so ist dem gesammten Reiche, so ist allen höchst- und hohen Reichsständen daran gelegen, daß diese gerechtesten Verfügungen schleunigst zur Vollsteckung gebracht werden.

Bey=

Beylagen.

Lit. A.

Ad §. 2. Extractus Actorum Visitationis regularis mense Novembri A. 1756 in Monasterio Schwarzacensi habitae.

Adjuncta a Num. 4—12 ad impressum Romanum.

Convocatis rite omnibus R R. P P. Capitularibus horâ decimâ matutina. Reverendissimus Dominus Visitator dicto: *Benedicite*, eos modo quo sequitur fuit allocutus:

Reverendissime in Christo P. Amplissime Praesul. Domine Confrater colendissime, caeterique P. R. et Religiosi in Christo Patres carissimi!

Ex denunciatione nobis tam oretenùs, quàm scriptotenùs facta, nec non delatâ etiam ad Nos famâ non sine animi moerore intelleximus, in Conventu vestro non solùm suscitatas fuisse quaerelas contra superiores, praesertim Reverendissimum vestrum Abbatem, sed ob murmurationes contra ejusdem facta et acta, *nec non factiones et collusiones intra vos fuisse et esse usque in praesens*, imò et quod magis, *Conventicula ad hunc finem*, et quidem tempore indebito instituta fuisse, *instigationes praeterea intercessisse*, nec non de causis *depositionis et amotionis Reverendissimi Abbatis in iisdem fuisse tractatum, et ad hunc finem assistentiam Peregrini cujusdam in hoc negotio petitam, aliasque contra Congregationis nostrae statuta successisse transgressiones graves.* &c.

INTERROGATORIA GENERALIA.

4. An quaerelae fuerint delatae ad P. Priorem *) contra Reverendissimum Dominum Abbatem et quando?

6. An fuerint admissae à P. Priore, et quomodo?

7. An tales querelas approbaverit, et simul affirmaverit tempus omnino esse opportunum?

8. An non P. Prior eodem tempore declaraverit certum quemdam Casimirum **) multum contribuere posse ut intentatum negotium citiùs perficiatur?

9. An omnes vel quinam annuerint, causam hanc committendam P. Casimiro?

19. Quinam sint auctores principaliores totius causae? &c. &c.

 Reve-

*) Prior tum temporis erat P. Beda Dilg.

**) Erat is maleferiatus impostor, habitu benedictino indutus et Jacobi III. Angliae Regis filium se venditans, hinc hodiedum *pseudoprätendens* (der falsche Prätendent) vocatur; in monasterio Schwarzacensi jure hospilitatis exceptus fuerat.

Reverendiſſimus D. Viſitator publicatâ in Capitulo coram praeſentibus cauſâ ſui adventûs, ut ſuprà continuando inceptam inquiſitionèm, poſt prandium vocari fecit juniorem Patrem, ſcilicet *P. Edmundum Huck*, qui praemiſsâ admonitione ſub obedientia de dicenda veritate depoſuit ut ſequitur: &c.

Ad quartum: reſpondit quasdam delatas fuiſſe.

Ad ſextum: reſpondit ſemper fuiſſe acceptas *à P. Priore*, ſed eundem ſaepius declarâſſe, easdem detuliſſe ad Reverendiſſimum D. Abbatem absque effectu, adjungens: *P. Priorem alacriter tales querelas ſuſcipere.*

Ad ſeptimum: reſpondit *ſemper approbâſſe*, et ultimis diebus affirmâſſe, *nunc eſſe tempus opportunum.*

Ad octavum: reſpondit affirmativè.

Ad nonum: reſpondit praeſertim annuiſſe *P. Priorem*, *P. Gregorium*, et *P. Michaelem.*

Ad decimum nonum: reſpondit - *P. Michaelem principaliorem* ſe credere, ipſiusque fautores fuiſſe *P. Priorem, et Gregorium.*

Idem in ſpeciali ſua, quam ſcriptotenus exhibuit declaratione reſponſiones ſuas ad interrogatoria 6. 7 et 8, (*alleg. Impr. rom. adjunc. Num. I.*) magis dilucidat, dum ait:

Nobis decem Comparentibus, uti videre eſt in ſubſcripta ſchedula propoſitionem fecit Rev. P. Subprior, quòd ideo ſimus hic ad expoſtulandum viſitationem, ut nempe monaſterio noſtro malè proviſo meliùs provideatur, cui reſpondit R. P. Prior hisce verbis = *Gaudio mihi R R. Patres de confidentia veſtra in meam perſonam, hoc equidem jam diu libenter vidiſſem, utpotè cui non convenit, qui ipſemet incipiam, verùm certi eſtote, quòd omnem moturus ſim lapidem, quin et meam (NB.) ſacrificaturus perſonam, hoc autem eò magis, quippè, uti jam ſaepe dixi Reverendiſſimum noſtrum Abbatem ultroneè rogavi, ut officialibus, (qui erant olim in functione) juberet, qui redderent rationem, eorumque examinaret Computus, aliisque monaſterii neceſſitatibus provideret, verum uti ipſi ſcitis, nihil effeci, quare petitum veſtrum agnoſco ut aequiſſimum, et eò magis eſt gaudium meum, quòd tam potentem poſſideamus Virum, P. nempe Caſimirum, qui et dare promiſit, et dabit efficaciſſimum ſuum auxilium, hoc tamen fieri oportet, quamdiu monaſtico indutus eſt habitu, poteſtatem exin habet à ſummo Pontifice, et deponendi et creandi abbates.*

Quae ultima verba plusquam decies in colloquiis repetita fuerunt tam à R. P. Priore quàm P. Gregorio, et P. Michaele &c.

Secundus vocatus fuit *P. Iſidorus Speck*, qui praemiſsâ admonitione ſub obedientia de dicenda veritate deponit ut ſequitur: &c.

Ad 4. reſpondit affirmativè, et quidem die 28. Octob. A. c. poſt veſperas.

Ad 6. reſpondit, fuiſſe acceptatas ùt ſuprà.

Ad 7. reſpondit, *easdem querelas eò magis approbâſſe P. Priorem, quòd judicaverit opportunam eſſe modò occaſionem perveniendi ad optatum finem*, eò quòd non dubitaſſet, Peregrinum *P. Caſimirum* eſſe talem, qualem ſe diceret, ſicque per Fratrem ſuum Germanum Cardinalem Romae breviſſimâ manu ea poſſe perficere, *quae deſiderantur*, *vel deſiderari poſſunt*, praeteritis etiam aliis inſtantiis tam Epiſcopi, quàm Viſitatoris.

Ad 8. reſpondit ùt ſuprà ad ſeptimum.

Ad

Ad 9. respondit, nullo modo omnes annuisse, immò magis se declarasse, minimè recedendum fore a debita instantia, *exceptis P. Priore, P. Gregorio, et P. Michaele*, qui sentiebant, *ùt supra à P. Priore fuerat propositum.*

Ad 19. respondit, principalem auctorem fuisse P. Casimirum, cui dein vel maximè adhaerebat *P. Prior, P. Gregorius, et P. Michael. &c.*

Tertio loco fuit vocatus *P. Dominicus Steiger*, qui praemissâ admonitione sub obediéntia de dicenda veritate deponit ut sequitur &c.

Ad quartum: respondit, affirmativè in Vigilia S. S. Simonis et Judae.

Ad sextum: respondit affirmativè et quidem *cum protestatione, se in omnibus et per omnia impensurum.*

Ad septimum: respondit affirmativè.

Ad octavum: respondit affirmativè, et *vel maximè dum adhuc sit habitu monastico indutus*, quod tam facilè aliter fieri non posset, si tandem eundem deponere fuerit coactus.

Ad nonum: respondit se nescire, sed tantum ipsi notum esse, quod *auditâ propositione P. Prioris, desperatâ assistentiâ Patris Casimiri* omnes discesserint &c.

Sextus: vocatus fuit *P. Placidus Künstle*, qui praemissâ admonitone de dicenda veritate deponit, ut sequitur &c.

Ad quartum respondit: se nihil aliud scire, quàm quod ab aliis audivit, scilicet plures, se excepto, convenisse in Prioratu datâ occasione quo haustum vespertinum sumpsissent in Refectorio, ibique deliberassent, qualiter et quomodo querelae contra oeconomiam essent instituendae, ac inter alia *P. Michaelem* declarâsse *R. P. Priori gratum fore, si confidentiam in ipsum haberent, ac easdem proponerent*, quo factum, ut ipsum *P. Priorem* 27. Octobris plures unà cum P. Subpriore adierint, reliqui vero, se excepto, fuerint pariter vocati, causâque propositâ, quatenus ob negligentem administrationem temporalium petenda sit Visitatio ordinaria, Cum autem super modo Visitationis ordinariae *a P. Priore* exceptio facta fuerit, potiùs petendam esse quamprimùm episcopalem Commissionem, ut citiùs finiatur causa reliquis dissentientibus, exceptis *P. Gregorio et P. Michaele*, qui satiùs credebant fore, si causa haec committeretur praetenso cuidam *peregrino Religioso Casimiro*, qui habet omnem assistentiam Romae, auctoritatemque *deponendi Abbates et amovendi*, sicque brevissimâ manu totum exequi posset negotium. Rem tamen in primo mansisse statu, eò quod majora vota illuc collimàrint, praetereundas non esse primas et debitas instantias, ideoque petendam esse Visitationem ordinariam omnes subscripserunt; His peractis post nodùm P. Michaelem accessisse P. Subpriorem eidemque proposuisse, qualiter juxta dicta *P. Casimiri* non plures requirantur ad obtinendam depositionem Abbatis, quam sex, ideòque aliud non requiri, quàm ut et ipse se subscribat, quod autem d. P. Subprior facere renuit, cùm nunquam habuerit intentionem instituendi causam ad talem finem.

Ad sextum: respondit se audivisse easdem acceptatas fuisse à P. Priore.

Ad septimum: respondit affirmativè, se audivisse.

Ad octavum: respondit affirmatvè in quantum audivit &c.

Decimus quartus fuit vocatus *P. Gallus Dürner*, qui praemissâ admonitione de dicenda veritate deponit, ut sequitur: &c.

 Ad

Ad quartum: respondit affirmativè, et ab ipso.

Ad 6, 7, 8: respondit affirmativè, ut ad quintum.

In responsione ad 5, ad quam se refert, ulterius provocat ad specialem suam depositionem praeviè scriptotenùs exhibitam (*alleg. Impress. rom. Num.* 2) ubi ait:

Factâ hac propositione (querelarum) *P. Prior affabilissimè respondit, magno affici gaudio, quod R. R. Patres tantam in mè habeant fiduciam, offero me proin ad omnia obsequia, imò propriam meam personam ponam in periculo, ero victima, ut vobis satisfiat, praeterea adjunxit, quòd ad hoc opus probè efficiendum, magnum adjumentum contribuere poterit P. Casimirus* &c.

Ad nonum: respondit maximam partem conclusisse, & nonnisi P. Priorem, P. Gregorium et P. Michaelem contradixisse.

Ad decimum nonum: respondit P. Michaelem et P. Gregorium &c.

Ultimo tandem die 27. Novembris Anni 1756. vocatus fuit P. Beda Dilg, qui praemissâ admonitione de dicenda, veritate deponit ùt sequitur: &c.

Ad quartum: respondit, quidem saepiùs delatas ipsi ab uno alterove in particulari fuisse querelas contra administrationem temporalem, seque etiam de talibus murmurationibus admonuisse Reverendissimum Abbatem, qui tamen easdem vel non benevole suscepit, vel saltem ex toto credere noluit, ideoque *Reverendis Patribus aliquoties dixisse, et per alios insinuasse, ut si quasdam fundatas haberent querelas, easdem in communi ad ipsum deferrent*, ut sic magis instructus eas reportare valeat ad Reverendissimum Abbatem, quod tandem 27. Octob. factum a decem, inter quos P. Subprior propositionem eò fecit, quòd cum jura monasterii, domesticatio, totaque oeconomia valde periclitentur instare R. R. Patres pro Visitatione regulari, ac inquisitione de statu temporali &c.

Collationatum et conforme repertum cum Impresso Romano Nobis exhibito et in instanti reddito. Argentinae 7. Martii 1781.

(L. S.) *Weinborn* Protonot. apost.
(L. S.) *Lacombe* Notar. reg. et apost.

Lit. B.

Ad §. 2. Testimonium Reverendissimi Visitatoris regularis, in absentia P. P. Pauli et Bedae, fraternam concordiam et pacem in monasterio Schwarzacensi semper viguisse.

Adjunct. num. 37 ad impress. Roman.

Nos infrascripti Visitatores almae Congregationis Benedictinae Dioecesis argentinensis vigore praesentium attestamur *ab eo tempore, quo P. P. Paul. Keim et Beda Dilg à ven. Abbatia schwarzacensi aberant, regularem disciplinam, pacem et concordiam fraternam maximè ibi viguisse*, ità ut in ultima visitatione die decimâ tertiâ Maii anni elapsi a Nobis pro more ibidem habita, audientes bonam Religiosorum conversationem locò recessûs aliàs pro quibusdam corrigendis confici solitis non nisi in Domino gloriati fuerimus, et spirituali gaudio superabundaveriverimus. In cujus fidem praesentes propriâ manu subscripsimus. Datum in Monasterio Divi Ottonis die 29. Mensis Augusti anni 1766.

Augustinus, Abbas Visitator Primarius, &c.

Quod supra scriptum testimonium in omnibus veritati conforme sit, ego infrascriptus attestor Mauri monasterii die 12. Septembris 1766.

Anselmus Abbas Convisit.

Collationatum et conforme repertum cum Impresso Romano Nobis exhibito et in instanti reddito. Argentinae 7. Martii 1782.

(L. S.) *Weinborn* Protonot. apost.
(L. S.) *Lacombe* Notar. reg. et apost.

Lit. C.

Ad §. 2. Libellus supplex conventus Schwarzacensis ad Ementissimum ac Serenissimum Cardinalem de Rohan, Principem ac Episcopum argentoratensem, ne P. P. Paulum et Bedam in monasterium Schwarzacense revocari permittat.

Adjunct. num. 38 ad impress. Roman.

Eminentissime Cardinalis, Serenissime Princeps!

In absentia Reverendissimi Domini Abbatis ad pedes Eminentiae vestrae, Patris et Capitis Congregat. Benedictinae filiali cum affectu humillimè se prosternit Conventus Schwarzacensis per praesentes infrascriptos &c. . . Placeat igitur Eminentiae vestrae gratiosè concedere, ut juxta praesentes horum perturbatorum circumstantias et scandalosum illorum agendi modum animi nostri sensum et gemitum cordis nostri pandamus, qui talis est, *quod hosce duos refractarios et perduelles homines non amplius pro confratribus agnoscamus, sed tanquam membra putrida et abortiva toti corpori maximè exitiosa et abominanda perhorrescamus, et in perpetuum a Nobis resecanda et separanda enixè rogamus.* In hunc finem ad te Eminentissime Praesul respiciunt gemebundi oculi nostri, ad te ideò clamant sauciata corda nostra, ut inveniamus apud te gratiam in auxilio opportuno, quatenus auxiliatrices manus tuas gratiosissimè nobis porrigere, *hosque duos perturbatores publicos, tribulatores et persecutores monasterii nostri* pro viribus et auctoritate quâ polles, non tantùm à cohabitatione nostra, sed ab ingressu monasterii nostri ad dies vitae illorum coercere et quocumque possibili modo impedire etiam suprema auctoritate S. Sedis apostolicae, si ad hoc opus fuerit, vel nobis omnibus in illorum ingressu (quod Deus avertat) liberam discedendi ad alia monasteria facultatem concedere digneris, utpotè cum quibus nec vivere possumus, perhorrescimus et recusamus, pro quorum sustentatione pensionem annuam ob Eminentia Vestra taxandam in alio monasterio liberaliter offerentes et promittentes, hisce declaramus et subscribimus, ut tandem consumetur praevaricatio et finem accipiat peccatum et abominatio desolationis, ut deleatur iniquitas, et adducatur justitia, pax, concordia, iterumque aedificetur Jerusalem, et sine timore de manu inimicorum nostrorum liberati Domino Deo nostro in sanctitate et justitia serviamus unanimes in Domo Dei cum consensu, quâ Missae Sacrificiis, quâ precibus incessanter precabimur, ut Eminentiam Vestram, gratiosissimum

 Patrem

Patrem nostrum immediatum ad seros annos salvum et incolumem Nobis conservare dignetur, qui sumus Eminentiae vestrae submississimi.

P. Gregorius Vogel.
P. Franciscus Ris.
P. Edmundus Huck.
P. Antonius Messerschmid.
P. Petrus Schmaltz.
P. Caelestinus Ruch.
P. Hieronimus Krieg.
F. Augustinus Mitschele.
F. Ambrosius Reichert.
F. Joachimus Emig.
F. Josephus Bundschu.
F. Joannes Baptista Sax.
P. Benedictus Werlé p. t. Secretarius.

Datum Schwarzachii die 4. Julii 1766.

Collationatum et conforme repertum cum Impresso Romano Nobis exhibito et in instanti reddito. Argentinae 7. Martii 1781.

(L. S.) *Weinborn* Protonot. apost.
(L. S.) *Lacombe* Not. reg. et apost.

Lit. D.

Ad §. 2. Libellus supplex conventus schwarzacensis ad Revmum. Visitatorem regularem, ejusdem fere cum praecedente tenoris.

Ex autographo.

Reverendissime, Perillustris ac Amplissime D. D. Visitator, Domine perquam gratiose!

Pervenit ad aures nostras, Reverendissimos D. D. Abbates congregationis nostrae ad amputandas deinceps expensas et scandalum publicum tollendum cum profugis duobus Religiosis nostris P. Paulo Keim et P. Beda Dilg amicabilem compositionem brevi tentaturos. At vero perpendere libeat, Reverendissime! qualiter *duo isti homines nos aequè ac omnem congregationem nostram vicinis nostris, heterodoxis praecipuè, quin imò universo fermè orbi per quadriennalem suam refractationem, opprobrium, subsannationem fecerint et illusionem;* nostis insuper, quòd si unâ die omnem congregationem nostram subvertere potuissent vel minimo etiam labori non pepercissent, *ut tristitiâ penè consumti eos cane pejus et angue perhorrescamus.* Quare Reverendissime Domine Visitator, cùm per praefatam compositionem fieri posse suspicemur, ut ad pristina sua officia velint restitui, reverenter et submissè vobis hisce declaramus ad unum omnes, quatenùs non dumtaxat contra hanc ad officia restitutionem, sed et contra eorum nobiscum cohabitationem publicè protestemur, *ita ut eos ne pro confratribus amplius agnoscere velimus, sed à nobis penitus eliminatos et separatos, siquidem per hos paci adeò inimicos homines, nil boni sed*

omnem

omnem ruinam et perturbationem ulteriorem nobis certò praesagimus. Sumus omni debitâ submissione

Reverendissimae ac Amplissimae Dominationis Vestrae Humillimi

P. Romanus Gerster p. t. Prior.
P. Gregorius Vogel, Senior.
P. Amandus Trens, Cellerarius.
P. Franciscus Ris.
P. Edmundus Huck.
P. Antonius Messerschmid.
P. Coelestinus Ruch.
P. Hieronimus Krieg.
P. Benedictus Werlé.
P. Augustinus Mitschele.
P. Ambrosius Reichert.
P. Joachimus Emig.
F. Josephus Bundschu.
F. Joannes Baptista Sax.
F. Bernardus Geiger.
F. Anselmus Krafft.
F. Maurus Fentsch.

Collationatum et conforme repertum cum suo Originali seu Autographo Nobis exhibito et in instanti reddito. Argentinae 7. Martii 1782.

(L. S.) *Weinborn* Protonot. apost.
(L. S.) *Lacombe* Notar. reg. et apost.

Lit. E.

Ad §. 2. P. Anselmus, postm. abbas schwarzac. in visitatione de A. 1760. inventus est religiosus irreprehensibilis.

Nos infrascripti Notarii apostolici testamur tenore praesentium et fidem facimus, Inspectis Actis Visitationis episcopalis argentinensis in Monasterio schwarzacensi A. 1760. habitae nobis legitimè exhibitis verum esse, et ex dictis Actis constare, quòd omnes octodecim Religiosi tum temporis Schwarzachii degentes ad interrogatorium ipsis factum: *quid contra P. Anselmum sciant?* responderint: ***Nihil.*** In quorum fidem hoc praesens certificatum subscripsimus et consuetis nostris Sigillis notarialibus roboravimus. Argentinae Die 7. Martii A. S. 1782.

(L. S.) *Weinborn* Protonot. Apost.
(L. S.) *Lacombe* Notar regius et apost.

Lit. F.

Ad §. 2. *Adjunct. num. 14 ad impress. Roman.*

Extractum ex Recessu Visitationis factae in Abbatia Schwarzacensi ad Mandatum Eminentissimi Principis et Episcopi Argentinensis Anno 1760 die 24. Maii.

Ludovicus Constantinus Princeps de Rohan, Dei Gratia &c. Episcopus Princeps Argentinensis &c.

Dilectis Nobis Abbati, et Religiosis Monasterii Schwarzacensis Ordinis S. Benedicti &c. Benedictionem.

Statuimus, mandamus et ordinamus sequentia &c.

Art. 5. Patri Paulo Keim *tam propter supinam ejus in administranda Parochia in Stollhoffen negligentiam, quam propter sinistra consilia, quae plerumque Domino Abbati suggerit,* mandamus, ut intra triduum a Die publicationis praesentium in Abbatiam Schutteranam se conferat, ibidem permansurus usquè dum a Nobis aliter statuatur.

6. Cum Pater &c.

Signatum = Tussanus, Episcopus Arathensis, Suffraganeus Vicarius Generalis.

Loco ✠ signi.

Nos infrascripti fidem facimus &c. suprascripta Decreta Nobis hodie die 10. Mensis Junii 1760. congregato in hunc finem pleno Conventu Schwarzacensi in ipso loco capitulari per R. D. Pro-Vicarium Generalem fuisse publicata &c. spondentes nos iisdem ad amussim conformaturos in quorum fidem &c.

Sign. Bernardus Abbas &c. P. Paulus Keim &c.

Collationatum et conforme repertum cum Impresso Romano Nobis exhibito et in instanti reddito. Argentinae 7. Martii 1782.

(L. S.) *Weinborn* Protonot. apost.
(L. S.) *Lacombe* Not. reg. et apost.

Lit. G.

Ad §. 4. Reverendissimus Abbas Schwarzacens. nequidem ex famoso protocollo a P. Beda super casu Isidoriano confecto alicujus negligentiae argui potest.

Nos infrascripti Notarii Apostolici testamur tenore praesentium et fidem facimus, quod in protocollo inquisitionis à P. Beda Dilg in infelici casu P. Isidori die 19. Aprilis A. 1763. confecto, septuaginta septem interrogatoriis constante et Nobis in originali exhibito nullum verbum, nulla infelicis puellae depositio, aut responsio occurrat, ex qua Reverendissimus Dominus Abbas Anselmus ullius et minimae etiam notitiae suspectae conversationis P. Isidori, aut patra-

patratorum criminum argui posset. In quorum fidem praesens certificatum subscripsimus et consuetis nostris notarialibus Sigillis roboravimus. Argentinae Die 7. Martii A. S. 1782.

(L. S.) *Weinborn* Protonot. Apost.
(L. S.) *Lacombe* Notar. regius et apost.

Lit. H.

Ad §. 4. Depositiones testium de tricis et machinationibus a P. P. Beda et Paulo contra Abbatem suum in funesto casu Isidoriano adhibitis.

Adjuncta num. 15—20 ad impress. Rom.

Actum in Venerabili Abbatia Schwarzacensi ex Mandato Reverendissimi D. Visitatoris à me infrascripto Congregationis Benedictinae Argentinensis Secretario pro verificatione et justificatione relationis à praefato D. Visitatore Capitulo R. R. D. D. Abbatum factae de delationibus à pluribus Religiosis anni 1763. dicto Reverendissimo D. Visitatori orretenùs factis contra Patres Paulum Keim et Bedam Dilg Religiosos Schwarzacenses.

Comparuit primo P. Franciscus Ris, qui in hunc modum deposuit.

Quaer. primò: Quinam authores fuerint confecti occulti Protocolli in casu funesto P. Isidori?

Resp. Primarii authores fuerunt P. Paulus et Beda, qui pronunciârunt, etiam inscio Abbate Reverendissimo, licèt domi existeret, protocollum conficiendum esse, ne fortè puella deprehensa, curâ Reverendissimi D. Abbatis dimitteretur, et sic casus ille funestus dissimularetur. Addit Deponens, se equidem huic actui per aliquod breve tempus adfuisse, sed cùm primarii authores confecti Protocolli fiduciam in eum nullam ponerent, abiisse. *Caeterum cùm multae copiae a dictis authoribus confectae fuerint, facilè patere ait, eosdem alium finem non habuisse nisi ut fama monasterii, tum maximè Reverendissimi D. Abbatis dilaceraretur, imò ut causa ad ipsius Depositionem haberetur*, arguebant eum eundem gravis negligentiae in illo casu funesto avertendo.

Quaer. 2. Quare apud Reverendissimum Dominum Visitatorem post detectum fatalem casum Patris Isidori Schwarzachium vocatum nemo conquestus fuerit?

Resp. P. P. Paulus et Beda hinc inde apud suos Confratres cursitârunt probibendo ne de boc multa coram Reverendissimo D. Visitatore dicerent, et allegando, ab ipso hanc causam definiri non posse, sed ab altiori judicio terminandam esse.

Quaer. 3. An et inter quos sermo fuerit de petenda Commissione Spirensi aut Romanâ?

Resp. P. P. Maurus, Paulus et Beda saepius inter se miscuerunt colloquia de petenda Spirensi aut Romanâ Commissione, et quidem non in alium finem, quàm *ad deponendum D. Abbatem, prout aliquoties mihi dicebat defunctus P. Maurus*, qui nonnisi ex ore aliorum duorum loquebatur. Et quid aliud colligendum erat ex clanculis illorum conventiculis, quae ferè quotidie usque in seram noctem protraxerunt, quàm *ut D. Abbatem deponendi mediis inveniendis studeant, cui ferè in omnibus contrariebantur, ut pacem perturbent, ac fraternam charitatem destruant* &c.

Testor P. Franciscus. manu propriâ.

Comparuit dein R. P. Edmundus Huck, et ita deposuit:

Quaer. 1. Quinam authores fuerint confecti protocolli in casu funesto P. Isidori?

Resp. Licèt huic actui non interfuerim, tamen ex ore omnium teneo, primerios authores fuisse P. P. Paulum et Bedam, qui ultimus ipsemet mihi affirmavit, se illud confecisse. *Et cum hoc factum fuerit inscio, licèt in abbatia existente Reverendissimo D. Abbate, luce meridianâ clarius est, id nonnisi in odium et contemptum ejusdem Reverendissimi D. Abbatis factum fuisse.*

Quaer. 2. An sint in monasterio, qui pacem perturbent?

Resp. *Tales fuerunt P. P. Paulus et Beda*, qui vix non quotidie usque ad seram noctem clave subtractâ cubili inclusi conventicula clandestina habuerunt, et *cùm animus eorum malè erga Reverendissimum D. Abbatem affectus neminem latuerit*, quid aliud praesumendum erat, quàm quod consilia mala excoxerint &c. praesertim contra Reverendissimum D. Abbatem, *cui aliàs vix non in omnibus contrarii erant, ipsos confratres, tum sibi invicem, tum praecipuè contra Deponentem infensos reddere studebant, imò apud ipsosmet domesticos, cui Deponens praeest, eundem saepius lacerabant.* Addit, *si isti pacis osores non sunt, nescio qui tales dici mereantur.* His depositis subscripsit.

Signatum P. Edmundus manu propriâ.

Comparuit postea Pater Romanus Gerster, et ita respondit.

Quaer. primo. Quinam authores fuerint confecti protocolli in casu funesto P. Isidori?

Resp. P. P. Paulus et Beda: *alius quippe praeter ipsos nequidem cogitâsset de conficiendo protocollo inscio D. Abbate, qui tamen domi erat. Hi summâ laetitiâ excipiebant ea, quae dictabat puella*, prout Deponens clarè animadverterat, finis protocolli conficiendi in occulto alius non erat, *quàm ut haberent, quibus Reverendissimum D. Abbatem onerare possent*, sibi enim persuasum habebant, eundem D. Abbatem turpem conservationem P. Isidori non latuisse.

Quaer. 2. Quare apud Reverendissimum D. Visitatorem post detectum fatalem casum P. Isidori Schwarzachium vocatum nemo conquestus fuerit?

Resp. *P. P. Paulus et Beda binc inde cursitârunt, atque cum quadam subsannatione dixerunt, Reverendissimum Dominum Visitatorem esse* quidem virum bonum, sed *non satis potentem, ut super causa hac decidere possit*, ac eandem ab altiori loco judicari debere. Cogitabant enim de depositione Abbatis.

Quaer. 3. An et inter quos sermo fuerit de petenda Commissione Spirensi aut Romana?

Resp. P. *Maurus, qui a partibus P. P. Pauli et Bedae stabat, et nomine ipsorum ore loqui meritò censebatur, saepius Deponenti dixerat, Commissionem Romanam aut Spirensem peti debere. At in quem finem? non nisi ad deponendum D. Abbatem*; multoties enim ille Deponenti declarabat, Reverendissimum D. Abbatem Crucem perdere debere, et quidem semel praesente P. Beda ipsum interrogans, *nunquid pectorali exui debet?* Cui P. Beda defixis in terram oculis *tacitè consentire* visus est. At verò ad quid tendebant frequentissima, et vix non quotidiana usque ad mediam ferè noctem à P. P. Paulo et Beda protracta conventicula januis obseratis, et clave subtractâ, nisi ad eorum mala consilia maturanda, *aut depositionis Abbatis media deliberanda?* In confirmationem hujus quadrat, quod iidem ex P. Gregorio Confessario P. Isidori in praesentia Deponentis et aliorum expiscari voluerint, an de mala conversatione P. Isidori D. Abbatem non admonuerit, ipso respondente, se muneri suo satisfecisse, benè est, reponebat P. Beda, de quo planè gaudeo, aliàs de ipso factum fuisset; *nunc verò alter seu Abbas gravari poterit.* Item addit Deponens se semel angariatum à P. Mauro, ut contra D. Abbatem ad partes

Pauli

Pauli et Bedae accedere vellet. Adhuc clariùs: Eminentissimo D. Spirensi tanquam D. Directo quaedam contra electionem moderni Abbatis movente, ejusque gravaminibus à D. Abbate Ven: Capitulo propositis P. Paulus et praecipuè P. Beda potiùs inanes rationes ab Eminentissimo allatas approbârunt, quam refutare studuerunt, et quidem praesente ipsomet Reverendissimo D. Abbate, *si haec non probant dictos Confratres pacis osores esse, nescio quae probationes requirantur.*

Signatum P. Romanus Gerster m. pp.

Comparuit exindè R. P. Antonius Messerschmid et ita in genere deposuit, quòd P. P. Paulus et Beda vix non continua conventicula habuerint hinc indè contra D. Abbatem murmuraverint, ac parum fiduciae erga eundem ostenderint &c.

Signatum P. Antonius m. pp.

Comparuit Fr. Laicus Meinradus Renter, qui ità deposuit: Quod ex ore P. Pauli saepiùs audierit, *D. Abbatem propter fatalem casum P. Isidori Crucem abbatialem perdere debere;* et aliàs ille contra altefatum D. Abbatem graviter murmuraverit, et *turpiter locutus fuerit.* Item quod P. P. Paulus et Beda vix non quotidiana conventicula usque in seram noctem habuerint.

Signat. Fr. Meinradus Renter m. pp.

Comparuerunt postea Religiosi Fratres Hieronymus Krieg et Ambrosius Reichert, qui in hunc modum deposuerunt:

Primo: Quod R. P. Paulus Keim Prior et Magister Fratrum existens aliquoties cum ipsis colloquia habuerit, ex quibus clarè malè affectum ipsius erga Reverendissimum D. Abbatem animum perspexerint, allegando, bona monasterii ab eodem Reverendissimo D. Abbate vel inutilibus itinerationibus dilapidari, vel malè aut negligenter curari, imo omnino negligi, addendo se ipsorum misereri, eo quod ad majorem aetatem provecti, vix habituri sint, quo sustententur, nisi aliud remedium inveniatur. Verbo, quòd saepiùs colloquia cum ipsis miscuerit, quibus scandalizati sint, et quae reverentiam erga D. Abbatem meritò minuere, et aversionem ingerere debuissent.

2. Quod R. R. P. P. Paulus et Beda vix non quotidie conventicula habuerint, atque usque ad seram noctem protraxerint, non absque gravi Relig. Fratrum scandalo, ità ut clarè colligere potuerint, rem gravioris momenti inter illos agitari, aut de ipsa depositione Abbatis, proût ex aliorum ore audiebant, agi.

Signat. Fr. Hieronymus Krieg.
Fr. Ambrosius Reichert.

Collationatum et conforme repertum cum Impresso Romano Nobis exhibito et in instanti reddito. Argentinae 7. Martii 1782.

(L. S.) *Weinborn* Protonot. apost.
(L. S.) *Lacombe* Not. reg. et apost.

Lit. I.

Ad §. 4. Reverendissimus Abbas Schwarzacensis poenas à Reverendissimo Visitatore P. Isidoro et Fr. Laico ejus complici dictatas in Capitulo fulminat die 3. Maji 1763.

Ex Apographo vidimato.

Infelices vobis et nobis! species et numerum peccatorum non recenseo, nec exprobro. Hoc Deo, Confessario et Conscientiae vestrae relinquo. Cogitate tantum, qui peccaveritis homines, christiani, religiosi, Sacerdos et Confessarius, imò et Superior; reflectite quae et quanta opera ante meritoria nunc mortificata. Deus vobis exprobrat Lev. 20. *contaminâstis Sanctuarium meum et polluistis nomen sanctum meum, ego ponam faciem meam contra vos et succidam vos de medio populi.* En aliqualis poena.

P. Isidorus declaratur prioratu indignus et ideo depositus. Ambo deprecentur provoluti ad pedes singulorum Patrum et Fratrum, ut prò se orent. F. Joannes ligetur catenâ, incarcerentur, et ibi primo mense diu noctuque portent cilicium, atque singulis diebus faciant disciplinam sub Ps. *Miserere* et *de profundis*; subsequenti tempore ter in hebdomade. Accipiant solumodo bis offam per diem, ad prandium addantur legumina cum carne et ein Karaf Wein, quâ carne et vino privatus sit primo mense Fr. Joannes.

Deprecentur.

Etsi contristavi vos, non me poenitet. 2. Cor. 7. *nunc gaudeo, non quia contristati estis, sed quia contristati estis ad poenitentiam, quae enim secundum Deum tristitia est, poenitentiam in salutem stabilem operatur, saeculi autem tristitia mortem operatur,* et ideo juxta S. Paulum 1. Cor. 5. et S. Regula C. 25. *tradimus vos Satanae in interitum carnis, quae recalcitravit . . ut Spiritus salvus sit in die D. N. J. Ch.* Sicut enim Satanas vexat corpora et animas damnatorum sic et vos affligite et mortificate, *ut Spiritus* &c. et quomodo? *Scindite corda vestra et non vestimenta vestra et convertimini ad Dominum Deum vestrum in toto corde vestro in jejunio et in fletu et in planctu.* Joël. 2. certi este, *Sacrificium est Deo Spiritus contribulatus, cor contritum et humiliatum Deus non despiciet.* Ps. 50.

Ite, *et in cubilibus vestris compungimini.* Ps. 4. et *facite dignos fructus poenitentiae.* Luc. 3., et *hoc tam diu facite, usque dum* Reverendissimus Visitator *judicaverit satisfactum esse.* Reg. 44.

Ducantur in carcerem.

Praesentem Copiam suo mihi exhibito originali verbotenus concordare attestor. Schwarzachii Die 11. Septembris 1771.

(L. S.) Aloys. Wich. Notar. Caes. pub. jur.

Lit.

Lit. K.

Ad §. 4. Extractus Actorum Capituli generalis Reverendissimorum Dominorum Abbatum Congregationis benedictinae argentinensis habiti mense Septembri 1763 in Aprimonasterio.

Gravamina.

9. Conqueruntur et dolent plurimi, quod sub Abbate vivamus, *à quo vitia et scelera nutriuntur*, ut videre est in tristi facto P. Isidori, et fratris laici Joannis, quorum impiam conversationem ignorare nec potuit, nec debuit; at nihilominus primum constituit Priorem Magistrum Novitiorum &c.

In fidem P. *Beda Dilg* Commissarius abs majore parte Capituli electus.

Collationatum et conforme repertum cum suo Originali nobis exhibito et in Archivo episcopali asservato. Argentinae 8. Martii 1781.

(L. S.) *Weinborn* Protonot. apost.
(L. S) *Lacombe* Not. regius et apost.

Lit. L.

Ad §. 4. Extractus Actorum Capituli generalis Reverendissimorum Dominorum Abbatum Congregationis benedictinae argentinensis habiti mense Septembri 1763 in Aprimonasterio.

Resoluta.

Ad 9num. *Longissimè aberat semper mens Reverendissimi Domini Abbatis, ut in suo monasterio scelera nutriret ac vitia, atque non nisi per gravissimam calumniam hoc ei crimen imponitur.* Externa conversatio, quâ infelix P. Isidorus multis imposuerat, ad speciem regularis erat; quod igitur ab illa deceptus fuerit, contigit ipsi, quod multis jam acciderat Superioribus, quorum bonitate turpiter abusi sunt subditi. *Volumus itaque ac sub gravissimis poenis mandamus ut haec infamis querela à Religiosis schwarzacensibus perpetuo prematur silentio.* Datum Aprimonasterii die 26. Sept. 1763.

Sign. Augustinus Abbas Etton. Visitator.
Edmundus Abbas Aprim. Convisitator.
Carolus Abbas Schutteranus.
Jacobus Abbas Gengenbacensis.
Anselmus Abbas Maurimonast.
P. Cyriacus Spitz Prior Altorffensis nomine Reverendissimi sui.

Ad Mandatum Reverendissimorum Patrum

P. Benedictus Dehm Congreg. Secret.

Collationatum et conforme repertum cum suo originali nobis exhibito et in Archivo episcopali asservato. Argentinae die 8. Martii 1781.

(L. S.) *Weinborn* Protonot. Apost.
(L. S.) *Lacombe* Notar. regius et apost.

Lit. M.

Ad §. 4. In visitatione a. 1770 Schwarzachii habita nemo religiosorum Abbatem suum negligentiae circa casum Isidorianum accusat.

Nos infrascripti Notarii apostolici testamur tenore praesentium et fidem facimus, quod in actis originalibus Visitationis Episcopalis Argentinensis mense Januario A. 1770 in Monasterio schwarzacensi habitae nobis legitimè exhibitis comperimus, nullum ex omnibus Religiosis schwarzacensibus in illa Visitatione deponentibus Reverendissimum Dominum Abbatem Anselmum aut habitae in infelici casu P. Isidori praeviae notitiae aut negligentiae accusasse. In quorum fidem hoc certificatum subscripsimus et consuetis nostris Sigillis notarialibus roboravimus. Argentorati Die 7. Martii A. S. 1782.

(L. S.) *Weinborn* Protonot. apost.
(L. S.) *Lacombe* Not. reg. et apost.

Lit. N.

Ad §. 4. Extractus Actorum Visitationis Episcopalis Abbatiae schwarzacensis de Die 15. Januar. et seqq. Anno 1770.

De Die Mercurii 24. Januarii 1770. horâ nonâ matutinâ.

Cùm Reverendissimus Dominus Bernardus Abbas resignatus per infirmitatem pedum suo cubili sit affixus, ad ipsum accessimus et interrogavimus: An sit bene contentus? an nihil ipsi desit? an omnes ipsi reverentiam debitam exhibeant? et an pro incremento spirituali et temporali sive in Superioribus sive in inferioribus nihil corrigendum sciat?

Respondit. Se esse contentissimum, nihilque sibi deesse; se haberi in Veneratione ab omnibus; se gubernationi Monasterii se non immiscere, proinde nescire, quae corrigenda esse possent; Sed generaliter scire, *Reverendissimum Dominum Abbatem Successorem suum bono Monasterii spirituali et temporali pro viribus providere.*

Lectâ illi hâc suâ responsione dixit eam veram esse, seque in illa persistere. In quorum fidem subscripsit.

Bernardus Abbas.

Collationatum et conforme repertum cum suo Originali nobis exhibito et in Archivo Episcopali asservato. Argentinae die 8. Martii 1782.

(L. S.) *Weinborn* Protonot. apost.
(L. S.) *Lacombe* Notar. reg. et apost.

Lit.

Lit. O.

Ad §. 4. Omnes religiosi schwarzacenses in visitatione de a. 1773 Abbatis sui administrationem tam in spiritualibus quam in temporalibus probant ac laudant.

Nos infrascripti Notarii Apostolici testamur tenore praesentium et fidem facimus, ex Actis Visitationis Episcopalis Argentinensis in Monasterio schwarzacensi Mense Septembri A. 1773 habitae nobis in Originali exhibitis Nobis compertum esse, clarèque constare, *quod omnes et singuli Religiosi dicto Anno Schwarzacii degentes et nominatim P. P. Ildephonsus, Augustinus, Ambrosius, Anselmus, Maurus et Georgius sigillatim ad deponendum et respondendum vocati Reverendissimo Domino Abbati Anselmo laudabile testimonium circa ejus administrationem tam in spiritualibus quam temporalibus et circa Ejusdem Reverendissimi Domini Abbatis in corrigendis erratis exactitudinem dederint.* In quorum fidem hoc certificatum subscripsimus et consuetis nostris Sigillis notarialibus roboravimus. Argentorati Die 7. Martii A. S. 1782.

(L. S.) *Weinborn* Protonot. apost.

(L. S.) *Lacombe* Notar. regius et apost.

Lit. P.

Ad §. 4. Extractus Actorum Visitationis in Abbatia schwarzacensi per Eminentissimum et Serenissimum Principem Ludovicum Constantinum Cardinalem de Rohan Episcopum et Principem Argentinensem mense Septembri A. 1773 peractae.

Ex Recessu Visitationis.

II.

Cum Nobis ex strictiori per Nos habito examine casus fatalis Patris Isidori constiterit, eum praevia prompta et diligenti inquisitione à Visitatoribus et Patribus Congregationis secundùm statuta anno millesimo septingentesimo sexagesimo tertio fuisse condemnatum, inflictae ei poenitentiae in Divi Ettonis Monasterio ejusdem Congregationis per annos quinque amaro cum luctu ac sincera, quantum judicare fas est, cordis et animi emendatione satisfecisse, et demum pio motu de consensu Visitatoris et Abbatis proprii scripto dato ad Congregationem helveticam ejusdem Ordinis sed rigidiorem transiisse, ac proinde non amplius esse membrum hujus Monasterii et Congregationis, ulterioribus in hoc puncto dispositionibus supervacaneis supersedentes *declaramus, Abbatem non tantum facti hujus non fuisse conscium, sed ab omni culpa innoxium et immunem pronuntiamus.*

Lud. Card. de Rohan.

De Mandato Serenissimi et Eminentissimi D. D. Cardinalis Episcopi et Prioris Argent. *Weinborn.*

Collationatum et conforme repertum cum suo Originali nobis exhibito et in Archivo Episcopali asservato. Argentinae Die 8. Martii 1782.

(L. S.) *Weinborn* Protonot. Apost.

(L. S.) *Lacombe* Not. reg. et apost.

Lit. Q.

Ad §. 6. *Adjunct. num. 13 ad impress. Roman.*

Actum in Ven. Abbatia Ettoniana in Capitulo generali RR. DD. Abbatum Congregationis Argentinensis ex Mandato Eminentissimi Domini Cardinalis et Episcopi Argentinensis habito die 6. Novembris 1766.

Omnes et singuli DD. Abbates dictae Congregationis &c. videlicet Abbas Ettonianus Visitator primarius, Anselmus Abbas Maurimonasteriensis Convisitator, Edmundus Abbas Aprimonasteriensis, Carolus Abbas Schutteranus, Jacobus Abbas Gengenbacensis, et Gallus Abbas Altorffensis ad infrascripta specialiter congregati attendentes, quod mutatio ad tempus PP. Pauli Keim, et Bedae Dilg Religiosorum Schwarzacensium in alia Congregationis nostrae Monasteria a Nobis resoluta in Capitulo triennali habito in Aprimonasterio dieb. 25, 26, 27, et 28. Septembris 1763 tàm propter relationem de eorum Excessibus à DD. Visitatoribus nobis factam, quàm ob graves et relevantes causas ab ipso Reverendissimo D. Abbate Schwarzacensi Nobis expositas variis hucusque litigiis locum dederit, quibus Curiae Argentinensis, Metropolitica, imò et Romana resonant, attendentes praesertim, quod à dictis duobus Religiosis, uti nobis famâ publicâ relatum est, tam in Curia Metropolitica, quàm Romana varia fuerint exposita, quibus praetensam suam innocentiam probare intendunt, et mutatio ipsis injuncta ex capite injustitiae argui posset ex eo praesertim, quòd aliqui nostrûm declarationes ad Curiam Metropoliticam transmiserint, ex quibus erui posset, quod dictae Mutationis, uti praefertur, resolutae nullam omninò notitiam habuissent; Hinc ut justissimae ejusdem Executioni à Reverendissimo Domino Visitatore postmodùm demandatae per Decretum ab ipso nomine totius Congregationis nostrae datum, votis nostris de novo suffragetur, et insimùl Declarationibus ab aliquibus nostrûm datis debitam mentis nostrae interpretationem omnibus, quorum interest, daremus, declaramus praesenti actu nostro Capitulari sequentia.

1. *Dictam praefatorum Patrum mutationem opus esse, omnium nostrûm in Aprimonasterio diebus 25, 26, 27, et 28. Septembris 1763 congregatorum resolutum pro bono pacis in Monasterio Schwarzacensi restituendae, cujus exulationis secundum DD. Visitatores jam à longo tempore authores praecipui fuerunt dicti Patres*, ità ut non immeritò tanquam *pacis osores* in Decreto abs Reverendissimo Domino Visitatore dato qualificentur, cujus qualificationis probationem eruimus ex eo, quod amicabili compositioni litis summi pro Abbatia Schwarzacensi momenti per suas Machinationes occultas obicem posuerint. Item ex Actis Visitationum praecedentium Nobis exhibitis, ex quibus clarè liquet primo, *P. Bedam se tanquam pacis monasticae osorem vix non à primo Professionis suae anno usque nunc exhibuisse, dum variis inter Confratres contra Personam et Regimen Domini Bernardi Abbatis modò resignati murmurationibus excitatis omnium fermè animos à debita Superioribus reverentia avertere conabatur, queis nil nisi Abbatis Depositionem, et sui in ejus locum subrogationem intendebat.* Allegata haec inter alia facta minus gravia summopere probat famosa illa, et ubique nota R. P. Bedae Dilg (dum Anno 1756 Prior Conventûs erat) intricatissima machinatio, *quâ Abbatis sui Depositionem iniquissimè moliri ausus est, adhibens Virum adventitium et vagabundum habitu Benedictino indutum, qui se filium Praetendentis Angliae dicebat, potestatemque habere à Summo Pontifice Abbates deponendi aliosque substituendi, Virum inquàm istum ausu nefario adhibendo, ut ad optatum finem et infulam abbatialem perveniret*, sed conceptam P. Bedae spem evanescere fecit eventus; Histrio enim ille Casimirus nomine de variis hujusmodi fraudibus accusatus et convictus a Regimine Badensi ad perpetuos triremes condemnatus est. Facti hujus speciem dilucidè videre est in adjuncta copia authentica Visitationis

par-

particularis propter hoc habitae in Abbatia Schwarzacensi 25. Novembris 1756, per cujus Visitationis Recessum mandatum fuit Abbati, ut Superiorum claustralium mutationem quantocius institueret, *et consequenter dictus P. Beda Dilg à Prioratu deponeretur*, quod aegrè ferens superbus P. Beda tricis suis tandem à dicto Abbate, qui structas ab eodem sibi insidias jamjam condonaverat, obtinuit, ut Wetzlariam negotiorum causâ mitteretur, ubi per annos fermè quatuor inutiliter et cum summis Abbatiae suae Expensis commoratus est.

Quod P. Paulum attinet, sufficiat hic asserere, quod ante et post discessum P. Bedae usque ad ipsius reditum ita se gesserit, *ut ob graves et relevantes causas per Visitationem episcopalem de Anno 1760 in Abbatiam Schutteranam nostrae Congregationis meruerit translocari.*

Anno 1761 ambo praedicti Religiosi *in Monasterium suum reduces nec meliores facti, cum de novo Abbate elegendo tractaretur, intricatissimis machinationibus usi sunt ad res eò protrahendas, ut Monasterii gubernationi soli praeessent. Dignitatem abbatialem ambiebat P. Beda, restitutionem in Stollhoffensem Parochiam summoperè desiderabat regularis disciplinae exosus P. Paulus.* Quare ambo Dominum Abbatem Bernardum angariaverunt ad dandam suam dimissionem sub conditionibus duabus, quarum prima erat, *ut P. Paulus à Parochia Stollhoffensi per illustrissimum Dominum Episcopum ob supinam negligentiam amotus ad eandem modo irrevocabili restitueretur: Secunda continebat, ut in Abbatem eligeretur Vir, qui juxium et praesertim litis Wetzlariae pendentis perfectam haberet notitiam;* Quâ clausulâ P. Beda Wetzlaria mox redux designabatur; Irregularem vero hanc dimissionem sic conceptam admittere recusans Illustrissimus Dominus Ordinarius, Patres praefatos ipsius latores et fabricatores dimisit, ut etiam puram et simplicem D. Abbas acceptandam exhiberet, quod et factum, dicque 4. Maii 1761 ad electionem novi Abbatis, à Capitulo servatis servandis processum fuit, *atque in Abbatem unanimi ferè voto et supercanonicè electus est P. Anselmus Gauckler anteà Theologiae Professor, et pro tunc Abbatiae Cellerarius, Vir probus, ac de Religione bene meritus, cujus vitae, morumque regularitati hic de novo testimonium reddere nos teneri arbitramur.*

De hujus electione omnes religiosi sibi gratulabantur: Soli Patres Beda et Paulus *silentio suo de hac electione displicentiam demonstrârunt, atque ex hoc momento omnem conatum adhibuerunt, ut vel dictam electionem tanquam nullam declarari curarent, vel Depositionem novi Abbatis per fas et nefas attentarent, quod patet tam ex occultis insidiis, quas d. D. Abbati in primum finem apud Curiam Spirensem struxerunt*, quàm ex conventiculis diu, noctuque inter se habitis, variisque susurrationibus, quas hinc inde inter Religiosos contra Regimen et Personam d. D. novi Abbatis in secundum finem sparserunt, ità ut ne minimam quidem transire siniverint occasionem, ex qua vel leviter dicti Abbatis regimen de negligentia argui posset.

Videantur super haec depositiones Patrum et Fratrum Schwarzacensium, quas Reverendissimus Dominus Visitator pro sua justificatione, nostraque instructione fieri curavit hic adjacentes.

Sitque in exemplum pessimi ipsorum contra dictum D. Abbatem affectûs, ansa, quam sumpserunt, ipsius depositionem petendi ob factum, quod D. Abbatem penitùs latebat ex fatali scilicet casu P. Isidori Speck tunc temporis Prioris Conventûs, qui à puella Sueva infeliciter deceptus et seductus illam per plures dies in camera sua clanculò retinens ad gravissima tandem cum eadem crimina devenit; Haec autem puella, cum à P. Beda Dilg et aliquibus aliis 19. Aprilis 1763 in absentia P. Isidori horâ ferè 12 nocturnâ in clausura deprehensa fuerit, ab ipsoque, non admonito D. Abbate ad sacristiam ducta, et forma quadam judiciali, sed irregulari de suis excessibus interrogata, responsa dedit ab ipsomet P. Beda Dilg, in protocollum desuper confectum redacta, quod videre est ex dicto Protocollo propriâ ipsiusmet manu germanicè con-

conſcripto, et in latinum fideliter verſo hic adjacente. Quem verò in finem Patres Beda et Paulus protocollum hoc inſcio D. Abbate *pluries deſcriptum* confecerint, dubitare non ſinit eventus. Quamvis enim D. Abbas ſtatim ac fuerat de tota rei ſerie inſtructus, factâ prius Illuſtriſſimo Domino Ordinario relatione, D. Viſitatorem advocaverit, ut juſtiſſimae P. Iſidoro et Fr. Joanni Laico complici pro delicto poenae infligerentur, ab eoque in hac parte muneri ſuo ſatisfactum fuerit; *P. P. Beda et Paulus nihilominus ad diffamandum tùm Abbatem, tùm Abbatiam ſuam ſcandaloſi hujus protocolli copias hinc inde ſparſerunt, falſiſſimè et calumniatoriè aſſerentes, D. Abbatem vitia fovere*, ex eo, quod potuiſſet et debuiſſet notitiam hujus facti habere, de quo tamen non admonitum P. Iſidorum *utpote virum à Superioribus ſuis nunquam correptum*, nec de ullo unquam crimine aut de irregulari diſciplina ſuſpectum ſuſpicari non poterat.

Quibus omnibus fideliſſimè relatis addere ſufficiat, nos non ſine ſummo animi dolore inaudiiſſe, *quod dicti duo Religioſi eò iniquitatis devenerint, ut ſuum digniſſimum Abbatem tanquam criminis hujus complicem iniquiſſimè accuſare attentent.* Ex quo colligere eſt, quousque tendere valeat *effraenis et ambitioſi Religioſi malitia.* Unde ſi aliqualc de realitate motivorum noſtrorum *circa reſolutam à Nobis d. d. Religioſorum mutationem ad alia Monaſteria noſtrae Congregationis pro bono pacis factam* dubium cuiquam ob transmiſſas Moguntiam quorundam noſtrûm declarationes remanere poſſet, *Nos Abbates Schutteranus, Gengenbacenſis et Altorffenſis* ſuper easdem declarationes à Nobis 3. et 23. Auguſti et 26. Septembris hujus anni Moguntiam transmiſſas mentem noſtram et earundem declarationum interpretationem hisce declarare non veremur, et quidem, *quod Nos Abbates Schutteranum et Gengenbacenſem attinet, declaramus mentes noſtras non fuiſſe, aſſerere, quod dictorum duorum Religioſorum mutatio in Capitulo generali Abbatum in Aprimonaſterio congregatorum pro bono pacis non fuerit reſoluta*, ſed quòd de executione, de decreto, forma ſeu ſubſtantia Decreti à D. Viſitatore nomine Congregationis poſtmodùm emanati, et à quo appellatum eſt, uti et de lite propter hoc pendente nullam habuerimus notitiam, quia D. Viſitator totam tàm Argentinae quàm Moguntiae nomine Congregationis tractabat.

Mirabamur proindè nos omnes et ſingulos inauditos, nec perſonaliter citatos ad expenſas condemnari, *quarum executionem, ut praecaveremus dictas transmiſimus declarationes.* Factâ autem nobis in hodierno noſtro Conſeſſu à D. Viſitatore fideli totius rei relatione inſpectisque de novo actis et actitatis tàm Viſitationum, quàm aliis *minimè diffitemur, dictam ad tempus mutationem à Nobis tunc temporis fuiſſe reſolutam*, quamvis poſtmodùm nobis inſciis fuerit executa, quamque executionem rebus hodie de novo maturè perpenſis cum caeteris Capitularibus *approbamus* et appellationi nomine totius Congregationis ad Curiam Romanam interpoſitae adhaeremus.

Quod verò ad me Abbatem Altorffenſem ſpectat, uti et Reverendiſſimum D. Abbatem reſignatum Antonium, nec ego, nec ille Congregationi de die 26. Septembris 1763 aderamus; Ego quidem nondum electus eram, ille verò aeger domi decumbebat; Nec mirum igitur, ſi noſtris declarationibus Moguntiam ſub data 3. et 4. Auguſti anni praeſentis miſſis affirmaverimus, rei totius ſeriem nobis ignotam eſſe: Viſis autem et auditis in hodierno Conſeſſu motivis et cauſis mutationem dictorum Religioſorum concernentibus Ego infraſcriptus Gallus Abbas Altorffenſis appelationi nomine totius Congregationis propter hoc ad Curiam Romanam interjectae, ſicut et caeteri DD. Abbates Congregationis adhaereo.

Ex his omnibus fideliter relatis et declaratis liceat et exponere, *quantum diſciplina monaſtica in Congregatione noſtra patiatur detrimentum ob peſſimum exemplum Religioſis noſtris datum per irregularem Curiae Moguntinae procedendi modum* in facillima admiſſione dictorum Religioſorum

ſorum à decreto ſuorum Superiorum et à Sententia interlocutoria Curiae Argentinenſis de die 6. Septembris 1764, quâ ipſis juxta mentem Sac. Concilii Tridentini et Sac. Canonum ſanctiones, nec non ſtatuta noſtrae Congregationis proviſoriè mandabatur, ut priùs ſe ſubmitterent, ac in aſſignata Congregationis Monaſteria ſe reciperent: cujus detrimenti dolendae ſequelae dictae Curiae Metropoliticae per epiſtolam de die 22 Novembris 1764 hic ſub Lit. E. adjunctam à Ven. Curia Epiſcopali Argentinenſi latam, ſed ſine fructu expoſitae fuerunt. *Et quod magis eſt, dicti Religioſi à praefata Curia Metropolitica in ſua pertinacia ac reluctamine ſuffulti revocationi ad ipſos per D. Viſitatorem ad inſtantiam D. Abbatis ſchwarzacenſis cum omnis poenae condonatione directae modò deſpectuoſiſſimè ſeſe ſubmittere recuſârunt*, quod probatur ex adjunctis ſub litt. F, G, H, I, K.

Ex cauſis igitur et motivis ſupra relatis, et deductis Viſitator et Abbates Congregationis Argentinenſis ſolam Dei Gloriam, et monaſticae diſciplinae conſervationem prae oculis habentes ad Pedes S. S. D. D. Patris humillimè provoluti enixè rogant, quatenùs placeat Sanctitati ſuae dictis Religioſis Paulo Keim, et Bedae Dilg injungere, ut ſemoto omni judicii ſtrepitu ſecundum jura et Canones nec non ſtatutorum noſtrorum tenorem ante omnia humiliter ſe Superiorum ſuorum mandatis ſubjiciant, atque in Monaſteria ipſis aſſignata vel à Sanctiſſima Sede aſſignanda ſe recipiant, ſimulque Curiae Metropoliticae inhibere, ut *ab injuſtae et incompetentis Sententiae ſuae* executione prorsùs abſtineat, nec impoſterum ſimiles admittat appellationes in materia diſciplinae merè religioſae, multominùs praeſumat praetenſum ſuum jus Monaſteria noſtrae Congregationis viſitandi quoque modo exercere: prætereà pronunciare, cauſam hanc aut ſimiles, ſi quae in Congregatione noſtra Argentinenſi orirentur, ad Eminentiſſimum Dominum Epiſcopum Argentinenſem, Congregationis noſtrae Caput immediatum et Superiorem generalem eſſe remittendas, ut ab eodem ſecundum ſac. regulam noſtram et ſtatutorum noſtrorum ordinationes, ſalvo ſemper SS. Sedis Romanae jure, absque judiciali ſtrepitu adinſtar aliarum cauſarum regularium decidantur. Caſu autem, quo placeret Sanctitati ſuae pronunciare cauſam hanc dictorum Patrum in forma judicii contentioſa diſcutiendam eſſe, eandem ad tribunal Curiae Argentinenſis, tanquàm primae inſtantiae judicem, (qui nunquam definitivè, ſed interlocutoriè et quidem maximè reparabiliter tantùm pronunciavit) remittere dignetur decidendam, niſi ſibi reſervare malit, fietque gratia et juſtitia: Signatum Auguſtinus Abbas Ettonianus Viſitator primarius, Anſelmus Abbas Maurimonaſterienſis Conviſitator, Edmundus Abbas Aprimonaſterienſis, Carolus Abbas Schutteranus, Jacobus Maria Abbas Gengenbacenſis, Gallus Abbas Altorfenſis.

Ad Mandatum Reverendiſſimorum DD. Viſitatoris et Abbatum.

Sign. *P. Benedictus Dehm.* Congr. Secret.

Collationatum et conforme repertum cum ſuo originali Nobis exhibito et in inſtanti reddito. Argentinae 8. Martii 1782.

(L. S.) *Weinborn* Protonot. Apoſt.

(L. S.) *Lacombe* Notar regius et apoſt.

Lit. R.

Ad §. 8. Testimonium totius Congregationis benedictinae argentinensis de libera facultate Officiales claustrales etiam sine causa deponendi Abbatibus competente.

Adjunct. num. 39 ad impress. Roman.

Nos infrascripti Visitatores, Abbates, Priores, Cellerarii et Religiosi Congregationis Benedictinae Dioecesis Argentinensis hisce attestamur, quòd in dicta nostra Congregatione conformiter ad sacram regulam et statuta nostra *Religiosi ad officia Priorum, Cellerariorum, aut ad aliud quodcunque officium jus nullum habeant, aut praetendere possint, et quòd ii, qui in talibus officiis constituti sunt, non à Capitulis ad illa eligantur, sed ab Abbatibus solis ad ea constituantur, à quorum nutu etiam dependet juxta eandem regulam et statuta, illos absque ulla ratione prout opportunum judicaverint ab officiis toties, quoties et quandocumque voluerint amovere, ita, ut qui ab officio amotus fuerit, jus querulandi non habeat, sed quâ illud susceperit obedientia, eâdem et ab eo recedere teneatur.* Datum Die 1. Mensis Augusti Anno 1767.

Augustinus Abbas in Ettenheim-münster Visitator prim.
P. Benedictus Dehm Prior ibid.
P. Michael Stroh Cellerarius ibid.
P. Beda Petzelt Professor ibid.
Carolus Abbas B. M. V. ad Schutteram.
P. Sebastianus Holzmann p. t. Prior in Schuttern.
P. Carolus Barth Cellerarius ibid.
P. Hermannus Kettmann Secretarius Capituli ibid.
Edmundus Abbas Aprimon.
P. Josephus Kastner Prior ibid.
P. Maurus Werné Cellerarius ibid.
P. Placidus Dessoye Secret. Capit. ibid.
Gallus Abbas Aldorffensis.
P. Beda Kempfer Prior.
P. Leo Ichler Procurator ibid.
P. Benedictus Kegelin Professus ibid.
Anselmus Abbas Convisitator.
P. Ambrosius Widemer Prior Maurimonasterii.
P. Blasius Vogelweid Subprior.
P. Placidus Britsch Cellerarius ibid.
P. Hieronymus Müller Secret. Capit.
P. Romanus Gerster P. t. Prior in Schwarzach.
P. Amand. Trentz Cellerarius ibid.
P. Antonius Messerschmitt.

Loco ✠ ✠ ✠ omnium Sigillorum.

Collationatum et conforme repertum cum Impresso Romano nobis exhibito et in instanti reddito. Argentinae die 8. Martii 1781.

(L. S.) *Weinborn* Protonot. apost.
(L. S.) *Lacombe* Notar. reg. et apost.

Lit.

Lit. S.

Ad §. 8. Extractus ex Libro Statutorum Congregationis Benedictinae Dioecesis Argentinensis P. 1 C. 58.

Ad stabilitatem loci certum quidem est, quod juxta Professionem quilibet Religiosus toto vitae suae tempore ita obligatus sit et adstrictus ad suum Monasterium, in quo professus est, ut non tantum non possit nisi obtentâ priùs licentiâ sui Abbatis ad alіud Monasterium transire, sed nec ad aliam nisi strictiorem religionem juxta Conciliorum Decreta, et quae neque à solo Abbate sed etiam à Visitatoribus concedenda foret; cum autem finis Congregationis nostrae non solum pro objecto habeat uniformitatem, sed et unionem ad bonum commune, quod quandoque postulat, ut in defectu Religiosorum in uno, alterove Congregationis nostrae Monasterio, alii assumantur ex aliis Monasteriis in adjutorium, vel conservatio disciplinae monasticae, vel ejusdem restauratio. *aliquando etiam pacis et concordiae inter fratres conservandae ratio id exigere videatur, ut tandem qualitas culpae vel scandalum id praetendant, ut Fratres nostrae Congregationis ad alia Monasteria in Congregatione tamen ad tempus mittantur, prout ratione ultimi in Concilio Moguntino stabilitum fuit Dist. 81 Cap. 9 &c. ideo districtè praecipimus omnibus Congregationis nostrae Fratribus, ut in hoc obedientes sint Visitatoribus, ad quos tamen solos cognitâ causâ, non vero ad Abbates locales, tales mutationes ad tempus cum Religiosis Congregationis facere spectat*, nec praesumant ipsis resistere, quotiescumque, vel succurrendi gratiâ, vel pacis et concordiae inter Superiores et Conventum, vel inter Conventum solum causâ, vel aëris intemperie suadente, vel ratione scandali, vel tandem majoris poenae imponendae motivo ad unum alterumve Congregationis nostrae Monasterium, ab iisdem Visitatoribus deputantur et mittuntur.

Praesentem ex Statutis Congregationis Benedictinae Dioecesis Argentinensis extractivè desumptum passum iisdem verbotenus concordare attestor. Schwarzachii die 11ma Sept. 1778.

(L. S.) Aloys. Wich. Notar. Caes. pub.

Lit. T.

Ad §. 8. Extractus Epistolae D. Abbatis Ettoniani de 29. Dec. 1763 ad D. Abbatem Schwarzacensem.

Ex autographo.

Hochwürdiger Herr Prälat,

Hochgeehrtester Herr und Confrater!

Wann des P. Bedae Bruder der Jesuit nicht bessere Gedanken führet, als der P. Beda, oder durch des Hrn. Prälaten von Schuttern, und mein Antwortschreiben auf sein impertinentes Schreiben, so er uns beeden gleichlautend zugeschickt, auf bessere Gedanken geleitet werden sollte (ich schliesse ein Abschrift sowohl des Briefs als deren Antworten bey) so vermuthe nichts anderes, als daß er seinen Weeg nach Rom zu nehmen werde, massen er schon lang von dieser Curia gesprochen haben solle, was er aber allda richten werde, als sein eigenes Profeßhaus zu diffamiren, kann mir nicht einbilden rc. Mich zu Gnaden empfehlend harre mit vollkommnester Hochachtung

Euer Hochwürden

Ettenheim-münster
den 29. Dec. 1763.

Gehorsamster Diener
Augustinus Abbt.

Collationatum et conforme repertum cum suo autographo nobis exhibito et in instanti reddito. Argentinae 8. Martii 1781.

(L. S.) *Weinborn* Protonot. apost.
(L. S.) *Lacombe* Not. regius et apost.

Lit. U.

Ad §. 8. Responsio D. Abbatis Schutterani ad P. Josephum Dilg S. J. de 26. Dec. 1763.

Fatum fratris vestri R. P. Bedae professi Schwarzacensis confratris mei alias prae caeteris mihi dilecti nonnullis abhinc diebus dolorifero planè animi sensu percepi, dubius quidem hactenus de rei veritate, modò autem vestris ad me datis litteris certior factus.

Miror sane et mirari satis non valeo, qui vir aliunde probus prudens et de religione, ut dicitur bene meritus, è sublimi suae probitatis et prudentiae in vallem contumaciae et dementiae adeò praeceps agi, ut excusso obedientiae jugo in profundum propriae suae voluntatis demergi potuerit? Quidquid sit de statu innocentiae ipsius, mandatum legitimi Superioris etiam impossibilia injungentis monente legislatore nostro SS. P. Benedicto ad tempus debuisset exequi, *vel ex eo solum, quod re maturius perpensa toti Revmae Congregationi ita visum fuerit*, et praeterea domum professionis suae non ex delicto quodam infamante, neque in perpetuum deserere, multò minùs in alio Congregationis Monasterio ceu in exilio aut sub rigidiore disciplina degere debuerit, id quod sacrae regulae nostrae aequè est conforme, ac statutis Congregationis omnino consonum, ut proinde religiosus contraveniens formalis inobedientiae naevo se commaculet, utut aliàs pium se ac morigerum arbitretur aut ostentet. Nec video, qui de laesione famae justè conqueri possit contra *mutationem à Reverendissimis Patribus decretam*, eo quod ut superiùs jam dixi, non ex crimine diffamante, sed exigente id solà necessitate publicâ *dispositio Superiorum processerit*, *quorum utique praesertim totius Congregationis arbitrio* integrum erit, semper et ubique etiam cum aliquali dispendio religiosi privati, disponere ea, quae Communitati sunt proficua, ne dicam, omnino necessaria, non obstante quorumcunque etiam potentum protectione, aut judicio Romano.

Ne succendat mihi, rogo, nec indignetur Paternitas vestra adm. Reverenda liberiori calamo detectum animi mei sensum! Officium namque boni et (quem profiteor) religiosi viri esse reor, scribere duntaxat ea, quae ductu conscientiae concepit, tunc praeprimis, si de statu religioso et disciplina monastica, cujus anima obedientia est, sit sermo. Conformiter igitur ad praemissa, dissidium fratrem vestrum inter et ipsius D. Abbatem, *vel potius jam totam Congregationem* se tenens in me libentissimè suscipio componendum, si fugâ sibi consulens P. Beda delicti sui poenitudine tactus ad altefatum suum, aut si mavult, ad Reverendissimum D. Visitatotatorem Abbatem Ettonianum sponte reverti, et factâ ibidem humili deprecatione inde ad locum obedientiae sibi destinatum pergere, ibique per aliquod saltem et perbreve tempus habitare resolverit, quâ conditione initâ litteras nedum salvi et ab omni prorsus poenâ liberi conductûs, eidem procurare, quin et adjutorium omne pro mutando vel monasterio, vel ipsâ etiam (si tamen adhuc praeeligere contingeret) Congregatione impendere sanctè et fideliter adpromitto, haec sunt, quae ad honoratissimas vestras in praesenti rerum facie de regula etiam sinceritatis et amicitiae respondere possum et debeo, licet forsan intentioni ex integro non correspondeant.

Interim Paternitatem vestram semotâ omni carnis et Sanguinis particularitate, in arbitrium provoco, et si quid aliud, quà corpori, quà animo religiosi hominis magis proficuum aut consultius fieri possit, judicio vestro relinquo, omni quo par est devotionis cultu persistens &c.

Schutter 26. Dec. 1763.

Carolus Abbas.

Collationatum. In fidem Copiae.

(L. S.) *Weinborn* Protonot. Apost.

(L. S.) *Lacombe* Notar. regius et apost.

Lit. W.

Ad §. 8. Responsio D. Abbatis Ettoniani ad P. Josephum Dilg. S. J. de 26. Dec. 1763.

P. P.

Litterae tuae ddto 20. Dec. queis P. Bedae fatum, ut ais, mihi annuntias, aliunde quidem prô dolor, mihi jam cognitum, non nisi hodie huc appulêre; at ne fatum dixeris, quod plenâ deliberatione factum est; recessit ille à semita obedientiae ac fugâ sibi consulere volens, ipsemet nunc sibi imputet, quod tum suam tum suorum famam prosciderit, quam integram servâsset, si sponte suâ ad locum obedientiae migrâsset; non enim Aprimonasterium demandabatur ob infame aliquod crimen, non tanquam in exilium, non perpetuo ibi habitaturus, non rigidiore aliis disciplinâ tractandus, non è patria eliminandus, ut incongruè interpretaris, sed ob rationes graves, licet tibi ignotas, ad tempus in aliud Congregationis nostrae Monasterium transferendus; *Ejusmodi facultatem Superioribus ac Reverendissimis Congregationis Patribus non denegat S. regula et apertè tradunt statuta nostra*, quotidie haec in Monasteriis nostri ordinis in Congregatione adunatis practicari videmus, si necessitas ejusmodi translationes exigat.

Nonne et tu bonus religiosus cum sis, si à legitimo Superiore tuo ad alienam etiam provinciam migrare jubereris, obedire è conscientia tua esse tibi persuasum haberes? quod addis de altiori et Romanae Curiae judicio forte pro decisione causae necessario, non terret: scio equidem P. Bedam jam aliquo tempore de illo somniâsse; at consulo, ut non eò ire sinat suas cogitationes, quoniam vanae sunt. Admodum R. Pater, si fratrem tuum sincere non secundum carnem amas, hortare eum in Christo, ut seposito vano timore infamiae incurrendae, vel ad breve tempus obedientiam praestet, ad locum destinatum se conferendo et paternam benevolentiam nostram in omnibus experietur, sum &c.

Collationatum. In fidem Copiae

(L. S.) *Weinborn* Protonot. apost.

(L. S.) *Lacombe* Not. reg. et apost.

Lit. X.

Ad §. 8. **Auszug Schreibens des P. Beda Dilg an Herrn Seger Stättmeister zu Gengenbach vom 10ten Jun. 1765.**

Adjunct. lit. M. ad Supplicas a Jos. Ant. Seger in Consilio imper. aulico, nomine P. Pauli exhibitas.

Hochedelgebohrner,

Insonders Hochgeehrtester Herr Stättmeister!

rc. rc.

Allein! gleichwie ich keine Justiz daselbsten zu erhalten hofte rc.; als fande ich mich genöthiget, gleich von dem ersten daher erhaltenen Decret, so den 6ten Septembris emanirt ware, wiederum hieher zu appelliren, indeme solches mir zwar die Alimenta et Sumptus Litis à monasterio praestandos zuerkannte, anbey aber auf vielerley Art, absonderlich aber dadurch mich gravirte, daß es mich sub poena excommunicationis ipso facto incurrendae zwingen wolte, mich zwar nicht zu Ebersteinmünster im Elsaß, wohin ich Anfangs durch das prälatische Conclusum relegirt ware, sondern jetzt in dem Closter Schuttern zu sistiren, und alda tempore durantis litis zu wohnen, unter einem Abbten, welcher bey der Congregatione Abbatum uns am allermeisten gravirt hatte, und der fürnehmste Urheber des widerrechtlichen nichtigen Conclusi relegationis nostrae ware rc. und habe die Ehr mit steter Hochachtung zu beharren.

Euer Hochedelgebohren

Maynz den 10ten Junii 1765.

ergebenster Diener
P. *Beda Dilg.*

In fidem Extractus fideliter desumpti testor Schwarzachii 8. Martii 1781.

(L. S.) *Ign. Wight* Notarius apost. caesar. juratus.

Lit. Y.

Ad §. 8. Testimonium Reverendissimorum Abbatum Schutterani et Gengenbacensis, falso asseri, declarationem die 6. Nov. 1766. a se datam (*vid. adjunct. lit. Q.*) sibi fuisse extortam.

Ex autographo.

Nos infrascripti Carolus Vogel, Abbas Monasterii B. M. V. ad Schutteram et Jacobus Maria Trautwein Abbas Monasterii Imperialis Gengenbacensis Ordinis Sancti Benedicti Dioecesis Argentinensis fidem facimus et attestamur, quod declarationem et explicationem in Capitulo generali RR. DD. Abbatum argentinensis Congregationis in Abbatia Divi Ettonis. die sexta Novembris 1766. celebrato à Nobis factas circa alias nostras declarationes puncto Decreti mutationis ad tempus PP. Pauli Keim et Bedae Dilg Religiosorum schwarzacensium in alia Congregationis Monasteria de Anno 1763. *absque omni vi, metu, aut respectu humano, sed sponte, liberè et solo amore veritatis ac pro conscientiae nostrae dictamine dederimus, illamque Declara-*

clarationem et explicationem, in quantum necesse est, renovemus et confirmemus per praesentes. In quorum fidem has manu propriâ subscriptas, ac Sigillis nostris communitas dedimus in Abbatia Schutterana die secundâ Martii et in Abbatia Gengenbacensi die tertia ejusdem mensis Anno millesimo septingentesimo octogesimo secundo.

(L. S.) *Carolus* Abbas.
(L. S.) *Jacobus Maria* Abbas Gengebacensis.

Collationatum et conforme repertum cum suo Originali nobis exhibito et in Archivo Episcopali asservato. Argentinae die 8. Martii 1782.

(L. S.) *Weinborn* Protonot. apost.
(L. S.) *Lacombe* Notar. reg. et apost.

Lit. Z.

Ad §. 19. Citationes PP. Paulo Keim et Bedae eorumque adhaerentibus ad seorsim comparendum factae et insinuatae.

I.

Compareant coram Nobis ex Mandato Serenissimi et Eminentissimi Principis Cardinalis Episcopi Argentinensis ac Congregationis Benedictinae Capitis primarii et Generalis Patres Paulus Keim, Beda Dilg, Ildephonsus Musler, Augustinus Mitschele, Ambrosius Reichert, Anselmus Krafft, Maurus Fentsch, et Georgius Betz, omnes professi Abbatiae schwarzacensis ad respondendum hodie horâ secundâ promeridianâ et sequentibus, sed successivè et seorsim, ad interrogatoria à Promotore subministrata, et sciant, si non compareant, Nos aequaliter in hoc negotio processuros, quod ipsis intimetur per Apparitorem. Datum in Abbatia Schwarzacensi die decimâ quintâ Septembris anno millesimo septingentesimo septuagesimo quinto.

Lantz Provic. Glis.

Praesens mandatum RR. Patribus Paulo Keim, Bedae Dilg, Ildephonso Musler, Augustino Mitschele, Ambrosio Reichert, Anselmo Krafft, Mauro Fentsch et Georgio Betz omnibus Professis Abbatiae Schwarzacensis ipsos alloquendo à me infrascripto Petro Antonio Annion inclytae Curiae Episcopalis Argentinensis jurato apparitore legaliter insinuatum fuit, et ne ullus valere queat ignorantiae praetextus, unicuique separatam tam praesentis mandati quam instrumenti insinuationis meae copiam reliqui praesentibus Francisco Josepho Burckard et Joanne Michaele Zeller civibus in Schwarzach testibus requisitis, qui mecum praesens Originale copiasque ut dictum relictas subscripserunt die decimâ quintâ mensis Septembris anni millesimi septingentesimi septuagesimi quinti.

Annion,
Franz Joseph Burkard, Hanns Michael Zeller.

II.

Peremptoriè citentur et quidem sub poenis juris pro secunda et tertia ac ultima vice PP. Paulus Keim, Beda Dilg, Ildephonsus Musler, Augustinus Mitschele, Ambrosius Reichert, Anselmus Krafft, Maurus Fentsch et Georgius Betz omnes professi Abbatiae schwarzacensis, ut quamprimùm seorsim tamen et successivè coram Nobis compareant, ad articulos interrogatoriales ex mandato Serenissimi et Eminentissimi Principis Cardinalis Episcopi ac Congregationis Benedictinae Generalis ipsis proponendos responsuri, quod ipsis intimetur per Apparitorem. Datum in Abbatia Schwarzacensi die decimâ quintâ Septembris horâ quartâ pomeridianâ anno millesimo septingentesimo septuagesimo quinto.

Lantz Provic. Glis.

Praesens mandatum RR. Patribus Paulo Keim, Bedae Dilg, Ildephonso Musler, Augustino Mitschele, Ambrosio Reichert, Anselmo Krafft, Mauro Fentsch et Georgio Betz omnibus Abbtiae schwarzacensis professis dictum Patrem Paulum alloquendo à me infrascripto Petro Antonio Annion inclytae curiae episcopalis Argentinensis jurato Apparitore insinuatum ejusque copia eisdem, ne ignorantiam praetexere possint, loquendo ut dictum relicta fuit praesentibus Francisco Josepho Burkard et Joanne Michaele Zeller Civibus in Schwarzach testibus, qui mecum hoc originale copiamque subscripserunt hodie die decimâ quintâ Septembris anni millesimi septingentesimi septuagesimi quinti.

Annion.

Franz Joseph Burkard, Hanns Michael Zeller.

Collationatum et conforme repertum cum suo originali nobis exhibito et in Archivo Episcopali asservato. Argentinae die octavâ Martii 1782.

(L. S.) *Weinborn* Protonot. Apost.

(L. S.) *Lacombe* Notar. regius et apost.

Lit. AA.

Ad §. 22. Vorstellung des Schwarzacher Kapitels an die Erzbischöfl. Kommission vom 18. Febr. 1779.

Aus dem Original-Duplikate.

Hochwürdige, Hochansehnliche Erzbischöfliche Visitations-Kommission!

An eine Hochwürdige Hochansehnliche Erzbischöfliche Visitationskommission sieht sich das Kapitel der Abtey Schwarzach abermal nothgedrungen, eine unterthänigste Vorstellung gelangen zu lassen, und Hochdieselbe um schleunige Remedur anzuflehen.

Da die so sehnlich gehoffte, in den Gesetzen so ausdrückliche und mehrmals wehemüthig erbetene abhefliche Maß der gewaltsam hier vorgegangenen, und noch fortdauernden Misbräuche in so langer Zeit nicht erfolget, so muß die bisherige Unwirksamkeit der Gott geheiligten Gerechtigkeit selbst dem Unfuge zur Stütze, zur stillschweigenden Genehmigung dienen.

Es geschiehet nur mit zagender Wehemuth, und zerschlagenem Herzen, daß sich unterthänigstes, um die Aufrechthaltung einer der ältesten Stiftungen Deutschlandes äusserst bekümmertes Kapitel die traurige Anmerkung erlaubet; das nicht zu übersehende Elend der unglücklichen Abtey Schwarzach ist leyder dahin gediehen, daß unter den Augen einer Hochwürdig Erzbischöflichen Kommission unsere heilige, von allen Mitgliedern vor dem Throne des Ewigen beschworene Regel täglich mehr verachtet, der angelobte Gehorsam, diese einzige Urquelle aller Klosterzucht täglich mehr zernichtet,

nichtet, die rechtmäßigen Oberen täglich mehr beschimpfet, und die willkührlichen Unterdrückungen ihrer Pflicht getreuer Mitbrüder täglich höher getrieben werden, das öffentliche Aergerniß dauert fort, die Temporalien sind einer willkührlichen Verschwendung und Verschleppung eines Privatreligiosen immerzu preis, nur die sämmtliche gottselige Stiftung nähert sich ihrem unwiederbringlichen Zerfalle, wird ihr auch einmal die Gerechtigkeit am Rande ihrer Zernichtung eine spate Hand biethen, so werden doch ganze Generationen den täglich sich thürmenden Schaden im Geistlichen und Weltlichen kaum wieder ersetzen können; den Beweis alles dessen werden theils die häufigen Visitationsakten, theils eine kummervolle Zukunft liefern.

Ob wir gleich in den Staub hingebeugt die züchtigende Ruthe des Allmächtigen küssen; dörfen wir doch die Pflicht für die Erhaltung unserer Stiftung, für die schleunige Herstellung der klösterlichen Zucht und Subordination zu sorgen, nicht verkennen.

Von dieser Pflicht durchdrungen bittet gehorsamstes Kapitel ihm zu erlauben, den vormals gethanen verschiedenen Ansuchen zu inhäriren, und folgende unterthänigste Anzeige, so die Nothwendigkeit der schleunig herzustellenden regel und statutenmäßigen Subordination und Disziplin zum Gegenstande hat, ehrerbietigst beyzufügen.

Da dem verderblichen Unterfangen des P. Beda, die diesseitigen klösterlichen Einkünfte blos nach seiner Willkühr auf unzeitige, und unüberlegte lateinische Projekte, auf überflüßiges und verbothenes Bauwesen, und eine ausschweifende Haushaltung zu verschwenden; die jenseitigen Gefälle aber mit überhäuften Schulden in der Absicht zu beladen, den rechtmäßigen Oberen und dem Kapitel die Mittel rechtlicher Nothwehr unter den Händen zu zernichten, und folgsam die ganze Stiftung der Willkühr ihrer mächtigen Widersacher aufzuopfern, alles diesseitigen Flehens ungeachtet, weder Ziel noch Maß gestecket werden wollte; hat endlich der höchste königliche Rath im Elsaß unsern Nothstand beherziget, und dem willkührlichen Schuldenmachen des P. Beda jenseits Rheins *) durch eine den 19. verflossenen Monats ertheilte oberstrichterliche Verordnung den gerechtesten Einhalt gethan.

P. Beda aufgebracht, daß er sich wenigstens auf einer Seite ausser Stand gesetzt sieht, den karlsruher Absichten durch völlige Entkräftung seines Profeßhauses mittelst Kontrahirung unerschwinglicher Schulden zu entsprechen, will sich deshalben an seinen Mitbrüdern rächen; er droht ihnen die Nahrung zu entziehen. Die Aeusserung, daß er seinen Anhängern in Zukunft ein Stück Brod, und eine Flasche Wein in den Sack geben wolle, wann sie an den Tisch gehen, die übrigen aber sehen möchten, woher sie etwas bekommen, wird wirklich bald in Erfüllung gehen.

Den Anfang macht er einsweilen damit, daß er unter dem eben so falschen als gehäßig ersonnenen Vorwande einer im Konvente vorgeblich sich eräugnenden Verschleppung des Brods und Weins und deswegen nothwendig einzuführender Abänderung der Oekonomie den Konventskeller von innen her verriegeln und fest verschliessen läßt, auch den statutenmäßigen, in allen Abteyen unserer Kongregation üblichen Nachtisch, wo nicht gänzlich, und eigenmächtig abschaffet, sich doch zu hellmerklicher Verachtung aller Oberen anmasset selbst seine kränkliche Mitbrüder sowohl, als andere der Abtey unentbehrliche geistlich und weltliche Gehilfe davon auszuschliessen.

Die eigenmächtige regel- und statutenwidrige nur einem zeitlichen Abte zuständige Ernennung zu Klosterämtern, die Anstellung der Offizianten so P. Beda ehedem vorgehabt, aber sogar unter

*) Die in Zeit 4 Jahren vom P. Beda im Elsaße kontrahirte Schulden, nur was zu des Kapitels Wissenschaft gelanget ist, belaufen sich wirklich auf 32000 Livres.

dem Schutz der fürstlich badischen Rechnungsdeputation zu vollbringen sich nicht getrauet, hat er jetzo im Angesichte einer Hochwürdig Erzbischöflichen Visitation in das Werk zu setzen sich erkühnet.

Immer unter dem nichtigen Vorwande einer Verschleppung im Konvente, und Oekonomie-Verbesserung (worüber doch nöthigen Falls auf schuldige Anzeige nur die Oberen zu erkennen und zu disponiren hätten) hat er auf seine Faust und eigenes Gefallen den P. Georg zum Oberaufseher bestellet, und schicket täglich Becker- und Kieferjungen in das Refektorium, welche unter den Augen aller Priester den aus Befehl der Oberen zur Sammlung und Obsorge der Ueberbleibsel am Tische bestellten Layenbruder und Konventsdiener verdringen, und zu deren und des ganzen Konvents sowohl, als der Oberen Schande viermal des Tags den beleidigenden Beweis liefern, daß nur hergeloffenes Gesind der angeblichen Verschleppung des Konvents Einhalt thun könne.

Bey diesen eben so gehäßig und sträflichen Vorgängen als unerhörten Neuerungen führet der von P. Beda wider Wissen und Willen aller Oberen neu aufgestellte Konvents-Kellermeister P. Georg die Direktion, gleichwie in der Küche, wo das Gesind mit einem jeden andern Priester (sollte es P. Prior selbsten seyn) so er etwas aus der Küche durch die Winde ins Refektorium verlanget, oder sonstige Befehle giebt, so lang nur seinen Hohn treibet, bis es dem P. Georg etwan gefällt, mit einem mächtigen Winke oder seiner gütigen Erlaubniß auf die Seite des Priesters zu tretten.

Als P. Georg sich den 1ten laufenden Monats der Direktion über Brod und Wein im Refektorium zum erstenmal anmaßte, und P. Prior ihm ernsthaft bedeutete, sich dessen gänzlich zu entschlagen, scheuete er sich nicht im geringsten, demselben sich öffentlich vor Fremden und Weltlichen stracks zu widersetzen: „die Oberen (sprach er mit dem frechen Tone) haben hierinn nichts „zu befehlen, dieses gehört zur Administration der Temporalien:“ Ein Ausbruch, an welchem Niemand einen auch nur halb rechtschaffenen Ordensmann erkennen wird. Als daraufhin den 4ten dieses der Hr. Prälat selbst den P. Georg in besagten eben so zudringlich als ungehorsamsvollen Verrichtungen antraf, und ihn fragte, ob er von einem Oberen Befehl habe dieses zu thun, wandte ihm P. Georg den Rucken, lief gegen die andere Seite des Refektoriums, fieng beym Fratertische an Brod und Wein zu sammlen, und würdigte den Hrn. Prälaten so wenig einer Antwort, daß dieser die nämliche Frage, das zweyte, dritte und mehrmal an ihn wiederholen, auch endlich unter dem ausdrücklichen Gehorsam, und mit der neuen Frage: ob P. Georg Ihn noch als seinen Oberen erkenne? eine Antwort zu erhalten suchen mußte; Allein durch alles dieses ließ sich P. Georg (der schon dem P. Prior vorher den Gehorsam abgekündiget) nicht im geringsten stören, oder irre machen, sondern er beobachtete nach, wie vorher, zu geflissener Beschimpfung seines Hrn. Prälatens (und zwar in Gegenwart des Gesindes nämlich des obengemeldeten Kieferjungens und Beckerknechts) ein so verachtendes hartnäckige Stillschweigen, daß er auf erhaltenen Befehl fortzugehen statt des unverzüglichen Gehorsams, demselben hell und hönisch ins Angesicht hineinlachte, und seiner Seits unmittelbar darauf befahl, die schon zu diesem Ende anwesende Kieferjung und Beckerknecht sollen Wein und Brod ungestört aufpacken, Hr. Prälat aber mußte, wie vorhin P. Prior, weichen.

Bey dieser höchststräflichen Beschimpfung blieb es nicht; denn als der Hr. Prälat umsonst abgewartet hatte, ob P. Georg nach gemessener Vorschrift der heil. Regel sein so öffentliches Vergehen nicht begreifen und verbessern würde, stellte er folgenden Tags nach dem Tische dessen Gehorsam abermal auf die Probe, indem er ihm aus dem Refektorium zu gehen befahl; allein auch dieser neue Befehl wurde mit fortgesetzter Verachtung ohne Wirkung angehöret; der Hr. Prälat mußte betrübt zur Thüre hinaus, und P. Georg schrie ihm nach: „Es ist gestern schon geschehen, was „geschehen soll.“

Dieser

Dieser Abscheu erhält dadurch einen neuen sehr greulichen Zusatz, daß P. Georg ungeachtet sein Gewissen ihm wegen öfters zeithero verübten förmlichen Ungehorsams einer schweren Sünde vor Gott beschuldigen mußte, ohne vorgängige Rekonziliation mehrmalen die heil. Messe zu zelebriren keinen Anstand genommen.

Nun war jedermann auf die unausbleibliche regel- und statutenmäßige Ahndung, so dem sträflichen Betragen des P. Georgs nach aller Erwartung auf dem Fuße folgen würde, aufmerksam; weil jedermann leicht vorsah, daß solches einer Hochwürdigen Erzbischöflichen Kommission zu Ohren kommen müsse; da aber allerseits nichts, als ein tiefes Stillschweigen, und des P. Georgs noch stäts fürdauernder Ungehorsam und Verachtung der Befehle seiner natürlichen Oberen erfolgte, wuchs den P.P. Appellanten der Muth, und sie nahmen, wie es scheint, die allerseitige Unthätigkeit für eine stillschweigende Approbation alles dessen an, was P. Georg wider seine Oberen verübt hatte; sie glauben wirklich den Hrn. Prälaten selbsten allem ihrem ausschweifenden Muthwillen preis gegeben. Dieses zeigten P. N., P. N, und P. N den 10. dieses, am Ordensfeste der heil. Scholastika ganz deutlich, als sie eben zur Zeit, da die Hochwürdige Erzbischöfliche Kommission nach dem Tische noch im Refektorium sich aufhielt, in dem untern Gange der siegenden Widerspänstigkeit des P Georgs ihren lauten Beyfall zuzaukelten, und den beschimpften Hrn. Prälaten zum Gegenstande ihres Gespötts erwählten, auch unter höhnischer Nachahmung dessen Worte und Gebärden mit lautem Lachen über den ihm vom P. Georg so standhaft bezeigten Ungehorsam muthwillig und ausgelassen frolockten.

Von den Beschimpfungen, so der Hr. Prälat von seinen Religiosen zu erdulden hat, muß nicht nur allein, wie schon gemeldt, das verächtlichste Gesind, ein Zeug, und Mitgehilf seyn, sondern sie erstrecken sich auch auf die Gäste, und Fremden. Die Hospitalität ist in unserer heil. Regel als ein wesentlicher Theil vorgeschrieben, eben dort ist der Tisch des Hrn. Prälaten für die Gäste bestimmet. Wohlstand, Natur und Wesen der Sache erfodern ohnehin, daß dieser Tisch anständig, und ohne Abgang besetzet, und bedienet werde. Allein, da P. Beda sich eigenmächtig, gesetz- und ordnungswidrig einen Winkeltisch errichtet, auch solchen in Beyseyn einer Hochwürdigen Erzbischöflichen Kommission ungescheuet fort behaupten darf (ob ihm gleich von seinem Hrn. Prälaten mit anderen Religiosen, wie es der Hr Prälat selbsten thut, ins Refektorium an den Regulartisch, und seine nur auf Disziplin und gute Wirtschaft verderbliche Unterschleife abzielende Nebentafel aufzustecken ausdrücklich gebothen ist (wo es dem Vernehmen nach um so niedlicher gehalten wird) massen dann erst kürzlich dem Hrn. Prälaten angesonnen worden, eine Rechnung für Burgunder, Champagner, und andere fremde, dem P. Beda von Strasburg heimlich gelieferter Weine zu bezahlen, wie knauserischer des Hrn. Prälaten Tisch auch in Beyseyn vornehmer Gäste besorget wird; so muß der Hr. Prälat, um dem Aufwand, so viel möglich zu steuern, sammt den Gästen lediglich mit dem schmalen Konventtische für lieb nehmen, da doch indessen P. Beda fortfährt, fette Tafel mit Gästen zu halten. Erst kürzlich, und schon ein oder das anderemal vorher, als die zween Herren Medici von Strasburg und Baden wegen des P. Peters hieher berufen waren, wurde dem schändlich mager bedienten Tische des Hrn. Prälaten nicht nur das Dessert sondern auch den Fremden auch nach der Tafel und Morgens zum Frühstücke der gewöhnliche und anverlangte Kaffee versaget. Diesem Schimpfe gehet schon lang ein anderer vor, und bestehet darinn: daß der Herr Prälat durch die zudringliche bedaische Vorkehrungen ausser Stande gesetzet ist, einem Gaste, sollte er auch der beste Freund, ja eine unentbehrliche Person des Hauses seyn, ein Quartier und Bett zu geben. Es würde zu weitläuftig seyn, alle Beleidigungen, alle Verachtungen, denen sich der Herr Prälat, und mit ihm die Oberen und sämmtliches Kapitel täglich ausgesetzt sehen müssen, hieher zu setzen; das abscheuliche System, so P. Beda in seinem Schreiben vom

8ten Junii 1774 an des Herrn Markgrafen von Baden Hochfürstl. Durchl. vorzuschlagen sich entblödet hat, „den widersinnigen Prälaten zu unterdrucken, wird leyder täglich mehr und mehr in Ausübung gebracht, und scheinet fast wirklich seine letzte Absicht erzwecket zu haben. Diese Bedrückungen erstrecken sich auf alle, welche ihren Oberen beyhalten und den geschworenen Pflichten getreu sind; auf alle, welche sich um die Erhaltung des Hauses, um seine uralte Gerechtsame bestreben, und des P. Beda Unfug verabscheuen. Die Pfarrherren erhalten ihre Kompetenzen nur durch kümmerliches Sollizitiren beym beym P. Beda. Der P. Roman hat in seinen kränklichen Umständen, weshalben ihm besondere Speisen verordnet sind, den üblichen Nachtisch räumen müssen, und ist dadurch genöthigt, sich das Essen ins Zimmer tragen zu lassen; An eben diesem Nachtisch, wohin P. Georg für den Tischleser, Aufwärter und Konventsdiener alle Speisen für jeden insbesondere nur in geringen Porzionen auftragen läßt, muste erst vor wenig Tagen der P. Subprior für jetztgesagte Personen den nöthigen Wein ums Geld im Wirthshause ablangen lassen. Als unlängst den 8. dieses dem P. Großkeller wegen zugestossener Unpäßlichkeit vom Apothecker einige Pulver im Thee zu nehmen verordnet worden, hat ihm P. Beda den Zucker dazu verweigert, wodurch er sich gemüssiget sah, um seiner Gesundheit durch die vorgeschriebenen Medikamenten wieder aufzuhelfen, etwas weniges Zucker ums Geld vom Krämer anzuschaffen ꝛc. Da alle diese und hundert dergleichen Vorgänge ihm ungeahndet fort hingehen sollen, so darf Niemand bezweifeln, daß wir nicht wirklich alle blos von seinen Gnaden leben müssen, wie er sich dessen den 6ten dieses gegen den Konventsdiener ausdrücklich gerühmet hat.

Daß P. Beda bey seinem fortgesetzten beleidigenden Betragen nichts weniger, als das Aufkommen des Hauses, als eine vortheilhafte Wirthschaft (welche ohnehin keines Projektanten Geschäft ist) zum Gegenstande habe, davon sind seine unnöthige Geld-Verschwendungen, seine jämmerlich gehäuften Schulden, die durch ihn verwüsteten Wälder, die leeren Keller, Kisten, Kästen und Speicher, so bey einem einfallenden Misjahre uns, und unsern schreyenden und gedruckten Unterthanen nichts, als die traurige Aussicht einer unvermeidlichen Hungersnoth übrig lassen, eben so betrübte als überzeugende Beweise.

Währender Zeit, als P. Beda auf eine so unziemliche Weise sich an dem Herrn Prälaten und dem Konvente erholen will, schleudert er den offenbaren Feinden des Klosters alles zu. Von dem intrudirten anmaßlichen Schaffner Beeck nichts zu melden, muß man von allen Seiten her vernehmen, daß der hier pendente lite eingedrungene fürstlich badische Beamte von Stollhofen grösten Theils aus des Klosters Mitteln erhalten werde; Brod, Mehl, Milch, Fleisch, Garten-Gewächs alles ist ihm preis, und obschon es unter dem Scheine der Bezahlung geschehen soll, so wird doch P. Beda nicht behaupten können, daß dem Kloster nur der zehende Theil davon bezahlet worden. Indessen ist doch das dem Herrn Hofrathe Steiner über den P. Beda und dessen Anhang aufgetragene badische Protektorium etwan alles dieses werth? und daher mag auch wohl kommen, daß, wie man sicher weiß, P. Beda gleich beym Anfange seiner Usurpation den allgemeinen Befehl, besonders in der Beckerey, gegeben, dem Herrn Hofrathe Steiner und dem beeckischen Hause (auch gegen dieses muß P. Beda Verehrung tragen, weil es in badischen Pflichten und gegen den Herrn Prälaten aufgebracht ist) alles, was sie nur ans Kloster begehren würden, ohne die vom P. Beda so unnütze Anweisungsscheine unverweigerlich abfolgen zu lassen; Weil hergegen der vom ganzen Kapitel aufgestellte klösterliche Beamte, Herr Groß, Tag und Nacht sich unverdrossen mit Verthädigung unserer Gerechtsamen beschäftiget, und ohne klösterliche gegen baare Bezahlung verlangte Beyhilfe seine Nahrung hier nicht ums Geld haben kann; hat P. Beda erst kurz verruckter Tagen seinem Gesinde bey 10 Rthlr. Strafe verbothen, ihm das mindeste mehr um baares Geld, wie bisher, zu verabfolgen; er hat sogar dem Melker befohlen, seiner Magd, sofern sie, wie gewöhnlich, Milch um Bezahlung zu hohlen, kommen würde, Tritte s. v. hintenwider

wider zu geben, und sie hinaus zu werfen, welches auch geschehen wäre, wofern der Melker sich nicht gescheuet hätte, die Merkmale der unvernünftigen Leidenschaft eines Religiosen einem armen, und desfalls ganz unschuldigen Dienstbothen einzuprägen; da indessen nicht nur dem Hrn. Steiner alles nach, wie vor, im Uebermas und ohne Geld zugeschleudert wird, sondern auch sonst jedermann aus dem Dorfe (wie dann sogar dem von der Karlsruher Regierung wider unsere bekanntesten Rechte unlängst gewaltsam hier eingedrungenen Juden derley Waaren aus dem Kloster täglich fort gereichet werden; Nur unser eigene Beamte, der einzige Verfechter unserer Gerechtsame, ist in den Augen des P. Beda schlechter als ein badischer Jud, weil er sich wider unser Haus nicht will misbrauchen lassen) alle Eßwaaren gegen Bezahlung hingegeben werden. Die niederträchtige Rachsucht kann sich zu unserem eigenen Schaden auf keine elendere Weise äusseren; denn wie ist es möglich auf diese Art Leute, so unseren häufigen Geschäften gewachsen sind, und an deren Fleiße, Treue und Rechtschaffenheit man nicht das mindeste auszustellen hat, in Diensten zu erhalten?

Wie aller dieser Unfug, alle diese nicht einmal rechtmässigen Oberen erlaubte Neuerungen und Ermächtigungen anzusehen und zu beurtheilen seyen, dessen giebt der zu beliebiger geschwinder Einsicht hier sub *Lit. A.* angebogene Auszug unserer heil. Regel und Statuten ohne alle Zweydeutigkeit vollkommenes Ziel und Maß. Doch was kann Regel, was können Statuten einem P. Georg für Anliegen machen? Vor wenig Tägen trieb er mit letzteren sein öffentliches Gespött, da er, als man sie gegen ihn für unsere Gesetze anführte, mit höhnischem Lachen auf seine flache Hand bließ, sprechend: „O was! Statuten!“

Allein auf diese Gesetze, auf die darinn vorgeschriebene Subordination und Disziplin, auf die bisher wohlhergebrachte Observanz haben wir alle am Fuße des Altars unsere feyerliche Gelübde abgeleget, von deren Beybehaltung und stracker Handhabung hängt die Erhaltung unserer Stiftung sowohl, als unserer aller zeitliches und ewiges Heil lediglich ab.

Die wirksame Aufrechthaltung dieser unserer beschworenen Gesetze, die schleunige Abstellung der wider dieselbe und die bisherige gute Observanz vom P. Beda unternommenen Neuerungen und gewaltsamen Anmassungen, die in Gemäßheit derselben den Oberen vom P. Georg schuldige Genugthuung, und die nöthige Herstellung der täglich mehr und mehr zerfallenden Subordination sind es dermalen, welche von einer Hochwürdigen Erzbischöflichen Kommission das Kapitel unterthänigst und angelegenst erflehet, und von Hochderselben entweder mittel- oder unmittelbar bäldest zu erhalten um so sehnlicher hoffet und wünschet, wie billiger das Begehren an sich ist, und wie weniger dasselbe sich zu trösten wüßte, mit allen seinen dringenden, gerechten und unterthänigsten nur zu Hebung des Aergernisses, zur Erhaltung der Stiftung und zur Herstellung der Disziplin abzweckenden Vorstellungen sich jederzeit abgewiesen zu sehen.

Einer Hochwürdig Hochansehnlichen Erzbischöflichen Visitations-Kommission

Schwarzach den 18ten Hornung 1779.

unterthänigstes Kapitel.

T. P. Hieronymus Krieg, Kap. Sekret.

Sequuntur nomina Abbatis et Capitularium.

Praesentem Copiam Duplicato Originali verbotenus consonam esse testor Schwarzachii die 10. Martii 1779.

(L. S.) *Ign. Wight* Not. caes. publ. juratus mppria.

 Lit.

Lit. BB.

Ad §. 22. Conclusa particularia Capituli monasterii Schwarzacensis.

Ex Autographo.

Actum Schwarzach die 4. Sept. 1778.

Convocato hodie post prandium Ven. Capitulo Reverendissimus proposuit, sese heri abs Reverendissimis DD. Visitatoribus metropoliticis denuò vocatum fuisse, eique inter multa alia fuisse declaratum, quòd in exhibito nuper extractu conclusi capitularis de dato 31. Aug. a. c. varia fuerint inserta, quae mentem DD. Visitatorum haud exprimerent, talibusque lectis aperuerint, qualem illis sensum attributum vellent, petentes, ut D. Abbas iteratò denuò Capitulum congreget, addentes denique: quòd nuper equidem necdum determinaverint quantum nunc pecuniae praeter jam sub 14. apr. h. a. subministratos 2000 fl. gallic. petant; quapropter indixerint, se nunc 500 Ludov. aureos, sive 5500 fl. germ. expostulare. Quaesitum abs Reverendissimo, quid hoc in casu RR. PP. Capitulares sentiant?

Conclusa particularia.

Praeter conclusum generale, protocollo capitulari sub hodierno dato fideliter insertum, cujus etiam extractus Reverendissimae Commissioni eodem fuit communicatus sequentia adhuc particulariter fuere conclusa.

1) Placeat Reverendissimo D. Abbati totam discursus et colloquii sub 3. hujus cum Reverendissimis DD. Visitatoribus habiti historiam accuratè non minus ac fideliter describere (vid. illam supra.)

2) Cum Ven. Capitulum D. Abbatem ubique hactenus fidelem repererit, non posse non ut talem venerari, multo minus sibi persuadere, ac si in ultimo consessu falsa retulisset, unde in praecedentis capituli propositione de 31. Aug. nihil immutandum censent RR. PP. Capitulares.

3) Singuli Capitulares, quoad noviter subministrandos 5500 fl. concluso prioris capituli de 31. Aug. unanimiter inhaerere, speciatim asserentes, quod scilicet, cum neque paratae adsint pecuniae neque ex propriis monasterii proventibus comparari queant et insuper tot jam debitis (licèt de legitimo consensu) Abbatia sit onerata, et P. Beda praetenso jure arrogatae sibi administrationis innumeris ferme novis praecipuè in Alsatia contra iteratas Superiorum suorum et Capituli inhibitiones expressas eandem gravare praesumat, et quotidie pergat, *Novum aes alienum non contrahatur, multo minus capitalia mutuentur*; porro

4) RR. PP. Capitulares absolutè protestantur, ne nova debita capitalia ex Alsatia mutuo accipiantur, eo quod bona nostra alsatica talibus satis jam sint obnoxia, et P. Beda (prout dictum est) bona illa novis et clancularibus semper debitis supprimere non cesset.

5) Quod si DD. Visitatores a nobis pecuniae petitae solutionem urgerent, expressum Eminentissimi D. Ordinarii nostri (qui in ultima jam Visitatione vetuit, ne denuo contrahantur debita) consensum esse requirendum.

6) Reverendissimis DD. Visitatoribus declarandum esse, ut P. Bedae injungant, quatenus ad redimendam hanc summam oves, boves vaccas superfluas, item cannabem, linum &c. divendat, ne calices infringere et sacra prophanare vasa cogamur, et ita *dum sublevari credidimus, pereamus et opprimamur.*

7) Capi-

7) Capitulum insuper hisce declarat, quod nullo modo consentiat, ut P. Beda (quem omnes pro semel et semper ceu usurpatorem et spoliatorem abhorreant) petitam pecuniam mutuet, unde ulterius apertè subjungimus, quod (si fors temerario quodam ausu P. Beda id clam praesumeret) Capitulum non solum improbet, sed etiam de solutione contracti aeris nullatenus spondeat, quem in finem contra ejusmodi attentatum eventualiter et solemnissimè protestamur.

8) RR. PP. Capitulares in conformitatem prioris conclusi de novo supplicant, ut DD. Visitatores P. Bedam quantocius ad exactam rationum redditionem D. Abbati et Capitulo audiendam adigant, quatenus ex iis nobis constare queat, quos in usus ille hactenus utilis nostri dominii reditus impenderit, ex quibus similiter etiam patebit, utrum non adsint pecuniae residuae DD. Visitatoribus subministrandae, cùm nempe P. Beda crepantibus hucusque buccis fuerit gloriatus, se tam proficuè hactenus monasterio villicasse.

9) *Ex eo, quod Reverendissimi DD. Visitatores fassi sint, sibi a serenissimo D. Marchione badensi in commissis datum, ut etiam visitationem in temporalibus instituant, concludendum esse, ejusmodi visitationem monasterii juribus summoperè praejudiciosam fore, quapropter contra qualemcunque usum praetensae delatae hujus potestatis oppidò et iteratò esse protestandum, atque super facta protestatione extractum protocolli esse petendum.*

10) *Cùm praesens Commissio hactenus in monasterii potiùs destructionem, quam ejusdem conservationem vergere visa fuerit, consultum duxere RR. PP. Capitulares, id Eminentissimo D. Ordinario esse remonstrandum atque supplicandum, ut per ipsum Eminentissimo D. Metropolitae fiat remonstratio.*

11) *Quandoquidem Concilium Trid. Sess. 24. C. 3. de reform. strictim inhibeat, quominus Visitatoribus, praeter victum moderatum, pecuniae mercedis locò porrigantur, hinc petitam pecuniae summam esse denegandam.*

12) Denique decenter petendum, ut Reverendissimi DD. Visitatores singula ejusmodi petita in futurum scripto declarent.

Test. P. *Jeronimus Krieg* Capit. Secretarius.

Praemissam Copiam Autographo suo in omnibus esse consonam attestor Schwarzachii Die 7. April 1779.

(L. S.) *Ign. Wight* Notar. Caes. pub. juratus.

Lit. CC.

Ad §. 22. Schriftliche Anzeige eines Weltlichen an die erzbischöflich-Maynzische Kommißion zu Schwarzach.

H. H. Gste E. Commission!

Einem Ungelehrten wird nicht zur Ungnad aufgenommen, wenn er die Sach erzählt, so, wie sie vorgegangen. Starke Unglücksfälle, die mich in ein Verlust von zwey und dreyßig tausend französische Livres und zugleich in die schwereſten Prozeſſen versetzt, verbanden mich öfters vor dem hohen Königlichen Rath zu Colmar zu erscheinen, theils meinen Sachwaltern Erklärungen, theils denen Rechtssachen einen Trieb zu geben; Im Vorbeyreisen nahme ich mehrentheils die Gelegenheit die Hochwürdigste und Hochwürdige Herren dieser Abtey aus Bekanntschaft meines darinne wohnenden Hrn. Nepoten P. Peters zu besuchen; hierdurch kame ich mit einigen dieser Hochwürdigen Herren in bekanntschaftliches Gespräch von denen Einkünften, Ausgaben, Aufwand, und ganzen Pflege dieses Gotteshauses; man hörte mich mit Verwunderung an, und wollte weitere Unterredungen halten, aber meine Geschäfte erforderten meine Reise fortzusetzen, wie ich dann auch dazumalen zwanzig Monat zu Colmar verblieben, um das wahre Ende eines meiner Prozessen zu erwürken, und alsdann ruhiger die Begierd obenerwähnter Herren Geistlichen zu erfüllen. Ich kam zuruck und der Hochwürdige H. P. Paul stellte die Fragen: wie dieses Gotteshaus erhalten, und durch gute Haushalt etwann in bessern Stand könnte gesetzet werden? Nachdem ich mich von der wirklichen Lage der Sach etwas genauers erkundiget hatte, gabe ich die Antwort mit aufrichtig redlicher Meinung und Freyheit: Ihre Oekonomie ist weitläufig, einer Seits das Gewerb eines Bauernhofes, andrer ein Kommerzium oder Handelschaft aus beyden, wann sie nicht mit genauester Kundschaft und strengster Ordnung verwaltet werden, entsteht nit nur vermißter Nutzen, sondern auch erlittener Schaden, die anders nichts als endliches Verderben nach sich ziehen können, wie ich pünktlich erweise.

1) H. P. Paul! werden alle Monat 25 Malter Weismehl für das Hofgesind und Taglöhner in die Küchen abgeliefert, und verwendet; diese Eßwaar zuzubereiten wie viele Butter und Schmalzung werden hierzu erfordert? und doch vernehme ich, daß die Genüsser dessen öffentlich darüber klagen, und Niemand ihre Klage in dem Grund anhören wolle; für Fasttäg gehet es an, bleiben aber im Jahr 210 Fleischtäg, mithin sieben Monat, jeden ad 25 Malter, erträgt 175 Mltr. zu 8 fl. gerechnet, macht eine Summa von 1400 fl. Setzen wir täglich 50 Arbeitspersonen, gebe man ihnen 25 Pf. gesalzenes Schweinenfleisch sammt einem Zugemüse, wie es die Zeit und das Wachsthum bringt, mit Abänderung bey dem Nachtessen, das Klagen wird ein End nehmen, und die Kösten werden verringert seyn. 25 Pf. Fleisch — 210 Täg macht 5250 Pf., setzen wir darzu, annoch 750 Pf., damit die Hälfte von allem für die Sommerszeit geräuchert werde, so werden erfordert 6000 Pf., das Pfund ad 6 kr. erträgt 600 fl., diese abgezogen von den obigen 1400 fl. Mehlspeisen, ist der Schaden bewiesen von 800 fl., das besondere Feuer und die Schmelzung deren Mehlspeisen ad 550 fl. ohnbetrachtet.

2) Das Mehl kommt in die Beckerey, der Becker liefert Brod in das Gotteshaus, so viel von ihm gefordert wird, giebt auch das Mehl in die Küchen, hat Erlaubnuß Brod und Mehl zu verkaufen, bringt ein unbestimmtes Quantum des erlösten Geldes dem H. Administrator, und hiermit ist seine ganze Rechnung gestellt. — Gebe man von Zeit zu Zeit so viel Waizen- oder Spelzenkernen in die Mühl nach Maßgab des Brods und Mehlsabgang, jeder Müllermeister verstehet und weiß wie viel Pfund das Mltr. guter Früchten Mehls bringe, liefere man dem Becker das Mehl in so vielen Centnern auf, mit dem Verboth, Niemanden Brod oder Mehl abzuliefern ohne Anweisungsschein, welche ihm in seiner Rechnung als klare Titel dienen müssen, so wird man erst sagen, wann man weiß, wie vieles Brod aus einem Centner Mehl könne gebacken werden, daß man die Haushaltung in Ordnung führe.

3) Bey der Bierbräuerey wird der Bräuer beordert, jedesmal, nachdem der vorhergehende Sude abgegangen, neue Gersten einzukaufen, folglich ist niemalen vorräthiges Malz, noch gutes abgelegenes Bier vorhanden; von einer Zeit zur andern Gerst zu kaufen, heißt nicht gehaufet, zum Beyspiel: Verflossenes Jahr gegen Martini ist das Mltr. Gersten verkauft worden ad 3 fl. 20 kr., und in dieser Zeit pflegen alle verständige Bräuer einzukaufen, wie dann auch die Strasburger, Landauer und sonstige tausend Malterweis zu dieser Zeit um erwähnten Preis gekauft haben, das darauf folgende Frühjahr hingegen, hat sie dermassen aufgeschlagen, daß sie bis zur Aernde hin in stetem

tem Preis das Mltr. ad 5 fl. 20 bis 30 kr. verkauft worden, wie dann der Bierbräuer im Gotteshaus mir selbsten sagt: daß er nach und nach in bemeldter Zeit 250 Mltr. zu seinem Gebrauch im nämlichen Preis habe bezahlen müssen, stellt sich also schon in diesem nur geringen Posten der vermißte Nutzen mit 500 fl. dar. Kaufe man um Martinizeit den nöthigen Gestenvorrath und speichert ihn auf, so kann man auch besonders im Monat März ein vorräthiges Malz aufschlagen, von welchem sich ein gutes und dauerhaftes Bier bereiten läßt, dessen Ruhm nachmalen den Abgang verstärkt, und den Nutzen erweitert, doch nichts ohne Ordnung.

Gebe man dem Bräuer so viel Malter Gersten auf Rechnung, als zu einer Sude Bier erforderlich, die daraus gezogene Ohmenzahl, die leicht nach Maßgab des Kessels, und der Gersten zu bestimmen ist, lege man in den Keller abermalen auf Rechnung solches zum Gebrauch oder Verkauf daraus abzulangen, wirklich aber ist Niemand, der bey der Einfuhr der gekauften Gersten, die richtige Malterzahl beobachtet, vielweniger dem Bräuer das nöthige Quantum zu einem Sude regelmäßig ausliefert zum Malz machen, das aus dem aufs Land hinaus verkauften Bier erlöste Geld wird blinder Dingen und ohne Berechnung einem Hrn. Administrator eingehändigt, und hiermit ist dieses ganze Fach administrirt.

In gleicher Unordnung gehet die zwar bequemlich eingerichtete Brandeweinbrennerey; Es gehet Tag und Nacht, ist ein Fäßlein nach dem anderen gefüllet, so rühmt man, wie wirklich für so viel tausend Gulden Brandtwein zu verkaufen vorräthig, o was eine nützliche Einrichtung und erträgliches Gewerb ihr liebe Herren Confratres! unterdessen mein lieber Hr. P. Paul, wäre zu allerforderst nöthig, daß man die Fäßlein absteche, den Brandtwein untersuchte, ob er probmäßig, ob so viele Ohmen daseyen, als aus dem Quantum deren verbrannten Früchten hätten können gezogen werden? alsdann ergebte sich freylich der richtige Schluß, ob und wie großer Nutzen oder Schaden aus diesem Gewerbe entstehe; auf diese Art aber, wie es hier getrieben wird, da Niemand aufsieht, wie viel Frucht in diese Brennerey eingebracht wird, Niemand nachrechnet; ob der Erfolg des probmäßigen Brandtweins mit dem Aufwand deren Früchten übereinstimme, kann ich ihnen sicher behaupten, weil ich besonders in diesem Fach kundig bin, daß diese Verwaltung mehr Schaden als Nutzen bringen müsse. Messe man die Früchten dar, gegen Ruckschein empfange man den ausgezogenen Brandtwein in Abrechnung, so giebt es eine Ordnung, die nur allein vermögend ist, jedes Gewerb ins Helle zu stellen.

4) Der Kellermeister verkauft Wein, Brandtwein, auch sezuweilen Bier, so ehrlich er ist; dann er trinkt doch des Tags nur einen Rausch, und wie er selbsten gesagt, trinket er nur von einer einzigen Gattung Wein, legt keine andere Rechnung darüber ab, als daß er dem Hrn. Administrator Geld bringt.

5) Der Oberknecht der Melkerey verkauft Butter, Raum, Milch und zuweilen Käse, legt auf gleiche Art seine Rechnung ab.

6) Aus der Unordnung der Küche und Spezereymagazin ist ein jährlicher Schaden von 100 Louisd'or zu erproben, und wie es in der Schmiede zugeht, kann man bey dem Schmidmeister erfahren, er ist so ehrlich und bekennt den Schaden selbst, der aus seinem Fach entspringt.

7) Der einträglichste Ast ihrer Oekonomie wäre die Ochsenmastung, wenn sie mit Wissenschaft und Ordnung gepfleget würde, aber nach eigenem Sinn kauft Hr. Administrator Beda allein alle magere Ochsen ein, und verkauft die feißte; hätte er doch nur von irgend jemanden gelernet, wie schwer im Gewicht ein magerer Ochs in 6 monatlicher Mastung, wo Ordnung ist, werden kann, auch welcher in die Mastung zu stellen tauglich, und wie viel er werth seyn könne, ist

alles nöthig zu diesem Geschäft; Allein ich hab schon gesehen — die Mastung ist auch mit zu vielen Ochsen überstellt, und ihnen Hr. P. Paul ist, wie mir, bekannt, daß Hr. Administrator zwey aufeinander folgende Jahr genöthiget wäre, jedes Jahr für 1000 fl. Heu zu kaufen, und über dieses wurden annoch wöchentlich 4 Malter Früchten verfüttert, deren Geldbetrag beynahe dem Heu gleich stehet. Dieserwegen habe einen schriftlichen Aufsatz verfertiget, wie diese Mastung nützlicher könnte verpfleget werden, und Hr. P. Peter hat solchen auch dem Hrn. Administrator eingehändiget, allein ich bemerkte, daß wer in seiner Gewogenheit stehen will, darf weder von Vorsichtsregeln, Methoden, noch beßren Ordnung seiner ökonomisen Geschäften reden, sondern daß alle Fach in gut und bester Ordnung und zum größten Nutzen des Gotteshauses verwaltet werden; alsdann ist man bey ihm gut angesehen, und wird für aufrichtig und verständig gehalten: Dieses wäre unsere offenherzige Unterredung.

Hr. P. Paul fieng zu jammern an, sagend: „wir können es nicht verantworten, es gehet „ alles zu Grund, wenn wir Hrn. Administrotoren mit seinem Eigensinne fortfahren lassen, er „ verstehet das Haushalten so wenig, als einer unsern jüngsten Hrn. Fratern, er verstehet gar nichts. „ Wir klagen und schreyen stetshin, der Hr. Prälat habe uns in große Schulden gesteckt, er hat „ doch viele kostspielige Gebäude hergestellt, aber Hr. Administrator wird mit seiner Haushaltung „ nichts als einen vergrößerten Schuldenlast vorzeigen können; wir sind schon überzeugt, wo sind „ jene 14000 fl. die er bey Antrettung seiner Administration erhalten hat? und wie viel tausend Gul„ den ist er wirklich über diese schuldig? Hr. P. Peter kam auch dazu ꝛc.“

Diese Geschicht erweißt, ob ich aus Gnade allda meinen Aufenthalt gehabt habe, mein übriger Fehler kann nur darinn bestehen, daß ich von Zeit fünf Jahren her die Vernachläßigung dieser Haushaltung jährlich zu 2500 fl. berechnet, die auch wohl durch vermißten Nutzen, und entsprungenen Schaden ad 50000 fl. kann angesetzt werden. Unterdessen bringt dieses ein wohlbetrachter Calcul, jenes aber ein unübertriebenes Christenthum mit sich; Wie könnte ich meinen H. Nepoten P. Peter dahin vermögen, um blinder Dings beyzustimmen einer (hätte schier gesagt) verrätherischen Parthey? Da ich unter meinem Daseyn von einigen geistlichen Herren der Administrationsparthey selbsten gehört, sie müsten bekennen, daß Hr. Prälat, und Hr. P. Prior wie rechtschaffene Ordensmänner ihrem geistlichen Amt vorstehen, insonderheit wäre Hr. P. Prior in Gesetzen und Regeln, des heil. Ordens ein unermüdeter Religios, er hätte wenig seines gleichen; folglich habe ich von dort an glauben müssen, daß in diesem Gotteshaus wirklich die letzte die erste sind, und die erste die letzte.

Was in dieser Erzehlung immer enthalten ist, wolle Niemand glauben, daß einiger Schmerz, oder Verdruß nur eine Syllab ausgedrücket hätte; ich habe alles mit christlichem Vorbedacht überlegt und abgewogen, also, daß ich nach mehrmaliger Ueberlesung derselben in erforderlichem Fall bereit bin, den gänzlichen Innhalt mit einem körperlichen Eyd zu bestättigen.

Leonard Picot.

Eben da ich meine Unterschrift beysetze, und mit dem vorhergehenden Gespräche den Schluß gemacht, kam ich auf die Gedanken, ich würde wider meine Pflicht, Gewissen und Schuldigkeit handeln, wenn ich die wichtige Erzehlungen des Hrn. Canzelisten Emmers verschweigen, und ihnen keinen Bericht davon abstatten sollte.

1) Derselbe ist in so weit, als ihm das erzbischöfliche Commissionsprotokoll bekannt, der Verräther. Er sagte mir einstens, ohne daß ihm die geringste Anleitung darzu gegeben: Die Streitsach der hiesigen Herren Geistlichen gienge, er wüßte nicht wie? Die Commissionsherren durchgehen ihre

ihre Klagschriften, sie komponiren und setzen die Gründe jeder Parthey zu Papier, und nur von diesem thäte er die Abschriften machen, doch wäre ihm so viel bekannt, daß alles, was die prälatische Parthey bishin zu ihrer Verantwortung eingebracht, ein pures Nichts sey: sie kommen mit lauter Lügen, und erdichteten Sachen, um ihre Streich zu verstecken, und zu verfinstern; Kurz, sie sind halt ausgemachte ꝛc. ꝛc. Die übrige ehrenrührische Schandwort, die er über einigen der letztern Herren Geistlichen ausgestossen, lassen sich nicht wohl zu Papier bringen.

2) Es beliebe Hochdenenselben nur den Churfürstlichen Hof-Laquay Martin Schwab (ohne mich zu nennen) in Pflicht zu nehmen, derselbe wird E. C. von besagtem Canzlisten ein mehreres als ich sagen können: wenigstens können sie erfahren, wie reichlich erwähnter Emmer von der Administrationsparthey belohnt werden solle.

3). Sagte mir ehedessen Hr. Administrator Beda; sehen sie Hr. Picot den grosen Unterschied zwischen meiner und des Hrn. Prälaten Haushaltung, was habe ich, seit dem mir die Administration übertragen schon erhaußt? und was würde ich noch vorspahren, so mich Gott gesund läßt? urtheilen sie jetzt selbsten, mein lieber Picot, was ich dem Gotteshaus seit 18 Jahren für einen grossen Nutzen gebracht, wann ich anstatt des Hrn. Prälaten das Oberruder bekommen hätte? ich wäre auch dazu ernennt worden, wenn der Prälat sich nicht durch Versprechen großer Geldsummen zu guten Freunden würde gemacht haben; Und so hat er der stolze Geist, der Ehrsüchtige, zum Verderben unsers Gotteshauses den Prälatenhut an sich erkauft. Der Störer der Ruhe, und Wohlfart seiner brüderlichen Gesellschaft! aber Gedult, Gedult! mit der Zeit wird sich das Blättel wenden. Hr. P Paul kam auch darzu, und sagte: was sind das für Geschäften? Die Commissions-Herren arbeiten schon über die vierte Woche, was soll das heissen? ergreifen sie das nöthigste, und kassiren sie den Prälaten, alsdann möge das übrige untersucht werden; es muß mir zuerst geholfen werden, das Hemd liegt mir näher, als der Rock.

O wie würde jenes badische Hofgericht erstaunen, wenn es in Erfahrenüß kommt, daß ihre Wahl so übel getroffen, und von Anbringern übereilt, die jene Ehrenmänner für Störer der wahren Ruhe und Wohlfart ihrer brüderlichen Gesellschaft angeschwärzt, die sie doch selbsten sind? heißt das nicht die Zuflucht zu der Unterdrückung anderer nehmen, sind sie itzt dann nit in ihrem Geheimniß ihre Selbstverräther?

Ich schliesse, und bin in erforderlichem Fall, die nachgetragene vier Artikel, eben wie das vorhergehende mit einem gleichförmigen Eyd zu bestätigen bereit. Unterschrieben

Leonard Picot.

Vorstehende Abschrift ist ihrem mir vorgelegten Original von Wort zu Wort gleichlautend. Schwarzach den 19ten April 1779.

(L. S.) Aloys. Wiche Kaiserl. Notar.

Lit. DD.

Ad §. 34. Breve apoſtolicum de 22. May 1781 quo Sereniſſimis ac Eminentiſſimis Archi- et Epiſcopis Cameracenſi, Leodienſi et Attebratenſi, Commiſſio datur ad cognoſcendum et decidendum ſuper appallatione à Domino Abbate et Conventualibus Schwarazenſ. a decretis Moguntinis a. c. ad Curiam Romanam prolatâ.

Foris „ Venerabilibus Fratribus noſtris
„ Archiepiscopo Cameracenſi, et Leodienſi et Attrebatenſi
„ Episcopis.

Intus verò *Pius P. P. VI.*

Venerabiles Fratres Salutem et apoſtolicam Benedictionem!

Exponi Nobis nuper fecerunt Dilecti Filii Abbas regularis et decem et ſeptem monachi Monaſterii Abbatiae nuncupati de Schwarzach Ord. Sti. Benedicti Argentinenſis dioeceſis, quod alias poſt peractam ſacram Viſitationem regularem dicti Monaſterii felicis recordationis Ludovicus Conſtantinus Cardinalis de Rohan, dum viveret, Argentinenſis Episcopus ſuam pandidit definitivam ſententiam, cujus vigore nonnullas canonicas poenas contra octo Monachos dicti ordinis ad tramites diſpoſitionis Conſtitutionum ejusdem ordinis, et pro bono pacis praefati ordinis relaxavit, ſed interpoſita pro parte dictorum octo Monachorum ad Archiepiscopum Moguntinenſem uti Metropolitanum appellatione idem Archiepiscopus non minus nulliter, quàm injuſtè, et poſthabitis quibuscunque juris diſpoſitionibus ſuam pandidit definitivam ſententiam ſeu decretum illius vim habens, cujus vigore Abbatem Praelatum, Priorem et Subpriorem ac Cellerarium ejusdem Monaſterii depoſuit, vocando ad dictum Monaſterium nonnullos Monachos curam animarum exercentes in diverſis Eccleſiis parochialibus ab eodem Monaſterio dependentibus, alios ſubrogando Monachos pro regimine curae animarum et ad gubernandum dictum Monaſterium contra Conſtitutiones dicti ordinis alios exteros Monachos appellari juſſit et mandavit, prout in dicta ſententia plenius continetur.

Nimis exinde Exponentes praedicti laeſi et gravati ad ſedem Apoſtolicam infra legitima tempora in actis cauſae appellârunt.

Ideo Nobis humiliter ſupplicare fecerunt, quatenus cauſam et cauſas appellationis et appellationum hujusmodi ac nullitatis ex tribus iniquitatis et injuſtitiae attentatorum et innovatorum quorumcunque nec non reſtitutionis in integrum prout de jure adverſus quaecunque praejudicialia ſaltem ex clauſula generali *ſiqua mihi juſta cauſa videbitur*, ac quam et quas dicti Exponentes ſuper praemiſſis contra praedictos adverſarios omnesque alios ſua intereſſe putantes habent et movent habereque et movere volunt et intendunt, aliquibus probis viris illarum partium in dignitate eccleſiaſtica conſtitutis et eorum alteri audiendas et decidendas committere, aliasque eis in praemiſſis de opportuno juris remedio ſubvenire paterna ſollicitudine curaremus.

Nos igitur unicuique juſtitiam, ùt decet, miniſtrari cupientes, ac ſtatum et merita cauſae et cauſarum hujusmodi praeſentibus pro expreſſis habentes, ipſosque exponentes à quibusvis Excommunicationis et interdicti, aliisque eccleſiaſticis ſententiis, cenſuris et poenis à jure vel ab homine quavis occaſione vel cauſâ latis, ſi quibus quomodolibet innodati exiſtunt, ad effectum praeſentium litterarum conſequendum harum ſerie abſolventes et abſolutos fore cenſentes hujusmodi ſupplicationibus inclinati.

Fra-

Fraternitati Vestrae, Fratres Archiepiscope et Episcopi, per praesentes committimus et mandamus, quatenus vos vel duo aut unus vestrum vocatis ad id, qui fuerint evocandi, causam et causas praedictas cum omnibus suis incidentiis, dependentiis, emergentiis, annexis et connexis, totoque negotio principali summariè, prout in causis beneficialibus procedi consuevit, auctoritate nostra audiatis, cognoscatis, decidatis, fineque debito terminetis.

Nos enim vobis et vestrum cuilibet etiam per edictum publicum constito de non tuto accessu dictos adversarios, omnesque alios, quos opus fuerit citandi, illique et quibus videbitur sub sententiis, censuris et poenis *inhibendi*, ac inobedientes in illas incidisse servata forma concilii Tridentini declarandi, aggravandi, reaggravandi et interdicendi, auxiliumque brachii saecularis, si ad hoc opus fuerit, invocandi, nec non *attentata et innovata quaecunque* prout de jure *revocandi*, fatalia, quatenus durent, arbitrio vestro et cujuslibet vestrûm prorogandi, quatenus verò lapsa sint, dictos exponentes adversus eorum lapsum, rem judicatam et alia quaecunque praejudicialia in integrum, et prout de jure restituendi, caeteraque in praemissis necessaria et opportuna faciendi, exercendi, et exequendi plenam et liberam apostolica auctoritate tenore praesentium concedimus facultatem, non obstantibus praemissis ac constitutionibus et ordinationibus apostolicis, caeterisque contrariis quibuscunque. Datum Romae apud sanctum Petrum sub annulo Piscatoris die XXII. Maji MDCCLXXXI. Pontificatûs nostri anno septimo.

Lit. EE.

Ad §. 34. Supplica SS. D. N. a Reverendissimo Domino Abbate Schwarzacensi suisque fidelibus Religiosis oblata ac Rescriptum ejusdem SS. D. N. in gradu suspensivae appellationis die 23 Februarii 1782 concessum, una cum causae ad sacram Congregationem Episcoporum et Regularium remissione.

Ex Duplicato originali.

Bmo Padre!

La Congregazione degli Abbati d'Alsazia dell' Ordine di S. Benedetto diocesi di Strasburgo unitamente all' Abbate, e Monaci del Monastero di Schwarzach Ori, umi, della Santita vostra con profonda venerazione rappresentano aver sofferto nella Curia ecclesiastica di Mogonza L'aggravio di due Sentenze una in data delli 2 Marzo 1781, colla quale venne rivocata in tutte le sue parti altra precedente publicata fino dall' anno 1775 in sagra Visita dall' Ordinario di Strasburgo Superiore immediato di da. Abbazia contro Paolo Keim, e Beda Dilg con altri sei Religiosi di detto Monastero. La seconda contiene quattordici distinti decreti, che portano in fronte la data de 22 Marzo detto mese, ed anno, coi quali senza giurisdizione, e formalità di Processo viene privato L'Abbate di Schwartzach della sua Prelatura, e con ingiuriosa infamia dichiarato reo di gravi delitti, ed eccessi senza enunciarne alcuno.

Più si depone il Priore, Sottopriore, e Gran Cellerario dalle Coro cariche, ed impieghi sostituendosi in essi con assoluta autorità altri Religiosi contro la volontà del Capitolo, e dè Monaci Oratori. Queste Sentenze gravantissime furono publicate, ed intimate all' Abbate, e Capitolo di Schwartzach soltanto il giorno 6. Aprile mese susseguente, e non lasciarono gli Ori. d'interporne appellazione, e querela di nullità alla S. Sede quale le fù rigettata dall' Officio di Mogonza, ed ammessa nel solo devolutivo. Spedirono altresì avanti il Tribunale dell' Uditore della Camera della S. V. L'appellazione formale coll'inibitione ma anche questa restò moderata, e per consequenza si trovano in stato esseguibile li due Giudicati della Curia di Mogonza. Ricorrono per tanto gli Ori. al Trono supremo della S. V. affinchè degnisi sollevare i miseri oppressi col permettere, che possino essi rivedere le cause tanto sul punto di nullità che d'ingiustizia, sospendendo per ora l'effetto delle contrarie Sentenze, e decreti. Confidano con fiducia d'assere esauditi, giacchè la Sentenza delli 2. Marzo è rivocatoria d'un'altra onde l'appellazione sospensiva è dovuta de jure, e quanto all'altra dei 22. Marzo siccome contiene decreti, che portano oltre la privazione dè Benefici, e la deposizione dagli impieghi, anche una perpetua nota d'infamia contro L'Abbate ed altri individui, perçiò sembra troppo conforme all'equità, che gli Ori. siano sentiti prima che soccombino a pene cosi gravi, ed eccedenti; che &c.

In dorso haec extant:

Duplicatum

Alla Santita di N. S. P. Pio VI.

Die 23. Februarii 1782.

Ex audientia SSmi.

SSmus causam et causas, de quibus in precibus, benigne in gradu suspensivae appellationis remisit ad sacram Congregationem Episcoporum et Regularium cum omnibus facultatibus necessariis et opportunis.